색다른 이탈리안 요리 레시피 80

16년 차 이탈리안 셰프의 특급 레시피
색다른 이탈리안 요리 레시피 80

초 판 1쇄 인쇄일 2025년 4월 27일
초 판 1쇄 발행일 2025년 5월 6일

지은이 이상민
펴낸이 양옥매
디자인 표지혜 송다희
마케팅 송용호
교　정 조준경

펴낸곳 도서출판 책과나무
출판등록 제2012-000376
주소 서울특별시 마포구 방울내로 79 이노빌딩 302호
대표전화 02.372.1537　팩스 02.372.1538
이메일 booknamu2007@naver.com
홈페이지 www.booknamu.com
ISBN 979-11-6752-606-9 (13590)

* 저작권법에 의해 보호를 받는 저작물이므로 저자와 출판사의 동의 없이
   내용의 일부를 인용하거나 발췌하는 것을 금합니다.
* 파손된 책은 구입처에서 교환해 드립니다.

Italian Cooking Recipes

16년 차 이탈리안 셰프의 특급 레시피
색다른 이탈리안 요리 레시피 80

이상민 지음

책나무

프롤로그

이탈리안 요리는 알면 알수록 재밌고 흥미로운 요리가 많다. 필자는 이탈리안 요리뿐만 아니라 다양한 요리들을 배웠지만, 이탈리안 요리만큼 무궁무진하게 만들 수 있는 요리는 없다고 생각한다.

이탈리안 요리를 처음 접한 것은 중학교 시절 토요일 방과후 시간이었다. 처음 맛본 이탈리안 요리는 나의 입맛을 사로잡았고, 이후 조리과가 있는 고등학교에 진학하는 계기가 되었다. 그렇게 이탈리안 레스토랑에서 알바를 시작했다. 설거지와 샐러드를 시작으로, 점차 시간이 지날수록 많은 요리들을 배우게 되었다.

또한 유학을 하면서 프렌치와 이탈리아 요리들을 배우며 색다른 음식들을 많이 접하였다. 이탈리아 현지에서는 건조된 면보다 생면으로 파스타를 다양하게 만든다. 그리고 이탈리아를 여행하며 전통 피자에 대한 사랑과 애정이 넘치는 이탈리아인들의 면모를 엿볼 수 있었다. 피자 전문점에서는 30여 가지가 넘는 피자들을 판매하고 있었다. 역시 이탈리아는 피자와 파스타의 강국임을 새삼 느낄 수 있었다.

우리나라의 외식업 트렌드는 점차 진화하고 있다. 수많은 셰프들이 이탈리아의 본토 요리를 존중하면서 다양하고 유니크한 이탈리안 요리들을 시도하고 실험하며 대중들의 입맛을 사로잡고 있다. 필자 또한 정통 이탈리안 요리를 모방하는 데 머무르는 것이 아니라, 다양한 퓨전 이탈리안 요리를 연구하고 추구하고 있다.

이 책은 인생의 반평생 동안 이탈리안 요리를 한 필자의 필살 레시피 북이다. 정통 이탈리안 요리뿐 아니라, 부추·표고버섯·애호박 등 냉장고 안에 잠들어 있는 식재료나 치킨·삼겹살·불주꾸미 등 남은 배달음식까지 활용하여 집에서 누구나 쉽게 따라 할 수 있는 퓨전 이탈리안 요리도 함께 담았다.

이 책에서는 먼저 입맛을 돋우는 샐러드 레시피로 시작한다. 그다음, 건조면과 직접 반죽하는 생면으로 만드는 파스타, 리조또, 피자 순으로 다양한 레시피를 담았다. 필자의 이탈리안 음식의 역사뿐 아니라 현재진행형 음식들을 엿볼 수 있을 것이다.

이 책을 통해 다양한 이탈리아의 맛을 느껴 보며 이탈리안 음식에 한층 가까워지는 계기가 되었으면 좋겠다. 아울러 필자도 앞으로 많은 이들에게 이탈리안 요리들을 대접하며 눈과 귀와 코를 즐겁게 하고 싶다.

끝으로, 모험적이고 창의적인 생각으로 좀 더 발전된 이탈리안 요리들이 많이 나와서 대한민국의 외식업이 더 발전하길 간절히 바라본다.

2025년 5월
이상민

Contents

프롤로그 4

에필로그 178

1
Salad
샐러드

22

간단하면서도 세련된 **카프레제 샐러드** 14

불고기의 상큼한 변신 **카르파쵸 샐러드** 16

고소함과 짭짤함이 입안 가득 **하몽 리코타 샐러드** 18

샐러드계의 스테디셀러 **케이준 치킨 샐러드** 20

간단하고 맛있는 다이어트 식단 **닭가슴살 샐러드** 22

채소마저 사랑하게 되는 마법 **포크 스테이크 샐러드** 24

바다를 품은 상큼함 **만다린 새우 샐러드** 26

입에서 녹는 달콤함과 부드러움 **무화과 리코타 샐러드** 28

2
Pasta
파스타

90

[생면]

입안 가득 느껴지는 바다 내음 **봉골레 생면 스파게티니**　32

쫄깃한 식감과 고소한 감칠맛 **참소라 생면 알리오올리오**　34

꾸덕함에 먹물을 더하다 **먹물 생면 크림 까르보나라**　36

진한 마늘과 버터의 만남 **갈릭 버터 생면 카펠리니**　38

고소함과 담백함이 일품인 **연어 생면 알리오올리오**　40

고기 소스의 깊은 풍미 **라구 생면 파스타**　42

샐러드야, 파스타야? **닭가슴살 바질&루꼴라 생면 냉파스타**　44

입맛 돋게 하는 신선함 **연어 샐러드 생면 냉파스타**　46

한입 가득 쫄깃함을 **관자 오일 라비올리**　48

꾸덕함과 상큼함의 조화 **감베리 버터&레몬 라비올리**　50

클래식함의 매력과 감동 **생면 라자냐**　52

고소함과 짠맛의 밸런스 **잠봉버터 스파게티니**　54

평범함에 감칠맛을 더하다 **표고버섯 알리오올리오**　56

부추의 변신은 무죄 **부추 알리오올리오**　58

속이 꽉 찬 이탈리안 만두 **관자 오일 토르텔리니**　60

입이 즐거워지는 맛 **감베리 버터&레몬 토르텔리니**　62

한국에서 느끼는 이탈리아 전통 **먹물 생면 리얼 까르보나라**　64

까르보나라의 무한한 변신 **밥새우 크림 까르보나라** 66

새우와 토마토의 찰떡궁합 **감베리 토마토 라비올리** 68

[건면]

토마토와 바질의 향긋한 만남 **라따뚜이 스파게티** 70

파스타야, 팟타이이야? **삼겹살 팟타이식 스파게티** 72

흔한 골뱅이 무침은 이제 그만! **골뱅이 오일 페투치네** 74

톡 하고 터지는 톳의 식감 **톳 오일 페투치네** 76

고수 마니아를 위한 파스타 **고수 크림 페투치네** 78

부드러운 크림과 진한 트러플의 풍미 **화이트 라구 페투치네** 80

이제 굽지 마세요! **고등어 오일 페투치네** 82

촉촉한 생선살의 향연 **임연수 리가토니** 84

땅콩 향이 고소한 중국식 파스타 **스파이시 궁보계정식 스파게티** 86

고소하고 짭조름한 오일 파스타 **훈제연어 푸타네스카 스파게티** 88

기분 좋은 달큰함 **아마트리치아나 페투치네** 90

새우와 납작면의 만남 **감베리 오일 페투치네** 92

버섯 러버들에게 바칩니다 **풍기 크림 페투치네** 94

크림 소스와 토마토 소스의 환상 조합 **폴로 로제 페투치네** 96

상큼한 토마토 소스에 해물 퐁당 **마레 토마토 페투치네** 98

꾸덕한 크림 소스에 해물 퐁당 **그란교 크림 페투치네** 100

감태의 상상도 못한 변신 **감태 크림 페투치네** 102

고소함과 향긋함이 두 배 **바질 페스토 루꼴라 페투치네** 104

92

홍합탕보다 더 담백하고 시원한 **홍합 알리오올리오 페투치네** 106

남은 곱창의 슬기로운 활용법 **곱창 스파게티** 108

매콤한 파스타가 땡기는 날엔 **불주꾸미 스파게티** 110

부드러움과 촉촉함의 끝판왕 **동파육 스파게티** 112

나가사키 짬뽕의 세련된 변신 **나가사키 스파게티** 114

오독오독 피스타치오가 별미인 **잠봉 크림 페투치네** 116

입안 가득 황홀한 딱새우 내음 **딱새우 비스큐 페투치네** 118

불고기를 더 맛있게 먹는 법 **불고기 크림 페투치네** 120

3
Risotto
리조또

140

버섯과 크림의 고급스러운 풍미 **트러플 크림 리조또** 124

식탁 위의 초록 향연 **감태 크림 리조또** 126

해산물에 더하는 토마토와 바질의 향 **마레 토마토 리조또** 128

녹진한 크림 소스에 해산물 가득 **마레 크림 리조또** 130

극한의 고소함과 감칠맛을 머금은 **먹물 크림 리조또** 132

이탈리아 리조또에서 느끼는 인도의 맛 **치킨 커리 리조또** 134

부추의 세련된 변신 **부추 크림 리조또** 136

삼겹살을 가장 맛있게 먹는 법 **삼겹살 토마토 리조또** 138

부드러운 크림과 상큼한 토마토의 만남 **잠봉 로제 리조또** 140

4
Pizza
피자

화덕피자의 기본이자 완성 **페퍼로니 피자** 144

입안 가득 퍼지는 감각적인 쥬시함 **마르게리타 피자** 146

미친 버섯 향에 쫄깃한 식감까지 **트러플 풍기 피자** 148

애호박의 이유 있는 변신 **애호박&바질 페스토 피자** 150

매콤 짭조름, 맛있게 자극적인 **디아볼라 피자** 152

갈릭디핑 소스, 찍지 말고 바르세요 **갈릭칠리 쉬림프 피자** 154

다양한 치즈가 듬뿍 들어간 **콰트로 포르마지 피자** 156

짭조름함과 신선함의 환상 콜라보 **하몽&루꼴라 피자** 158

맛과 건강을 동시에 잡다 **잠봉&루꼴라 피자** 160

눈과 입이 즐거운 특별한 레시피 **무화과&리코타 피자** 162

세상에서 제일 맛있는 샐러드가 있다면 **샐러드 피자** 164

은은한 훈제 향과 상큼한 오렌지의 조화 **바베큐 오리 구이 피자** 166

피자 위에서 춤추는 가쓰오부시 **오코노미야끼 피자** 168

앤초비의 짭쪼름한 감칠맛이 일품인 **파리지엥 피자** 170

입안에서 살살 녹는 부드러움 **잠봉&아보카도 피자** 172

고기의 진한 감칠맛이 폭발한다 **라구 피자** 174

크림치즈와 부추 향의 완벽한 조화 **부추 크림치즈 피자** 176

피자에 바나나를 넣으면 반하나? **하몽&바나나 피자** 178

1

Salad

—

샐러드

간단하면서도 세련된

카프레제 샐러드

재료

- 양상추 [100g]
- 어린잎 채소믹스 [30g]
- 토마토 [1ea]
- 모짜렐라 치즈 [1ea]
- 파마산 치즈 [10g]
- 발사믹 소스 드레싱용(발사믹 식초 [30g], 엑스트라버진 올리브오일 [30g], 꿀 [20g])
- 발사믹 소스 플레이팅용(발사믹 식초 [50g], 꿀 [50g])

준비하기

1. 양상추와 어린잎 채소믹스는 얼음물 또는 차가운 물로 씻어서 신선도를 올린 뒤, 체에 받쳐 물기를 빼낸다.
2. 발사믹 식초와 엑스트라버진 올리브오일, 꿀을 휘퍼기로 잘 섞는다.
3. 플레이팅용 발사믹 식초와 꿀을 냄비에 넣고 중불로 졸인다.
4. 토마토와 모짜렐라 치즈를 얇게 슬라이스한다.

완성하기

1. 양상추와 어린잎 채소믹스에 발사믹 드레싱을 섞어서 그릇에 담는다.
2. 그릇 사이드에 슬라이스한 토마토와 모짜렐라 치즈를 겹겹이 놓는다.
3. 발사믹 소스를 토마토와 치즈 위에 뿌린다.
4. 치즈 그라인더로 파마산 치즈를 샐러드 야채 위에 갈아 주고 마무리한다.

불고기의 상큼한 변신

카르파쵸 샐러드

재료

- 양상추 [50g]
- 라디치오 [50g]
- 와일드 루꼴라 [10g]
- 불고기용 소고기 [100g]
- 느타리버섯 30g
- 방울토마토 [2ea]
- 파마산 치즈 [10g]
- 발사믹 소스 드레싱용(발사믹 식초 [30g], 엑스트라버진 올리브오일 [30g], 꿀 [20g])
- 불고기 소스용(파 [10g], 마늘 [10g], 간장 [10g], 설탕 [5g], 깨 [5g], 참기름 [5g], 후추 [1g])

준비하기

1 양상추와 어린잎 채소믹스는 얼음물 또는 차가운 물로 씻어서 신선도를 올린 뒤, 체에 받쳐 물기를 빼낸다.
2 발사믹 식초와 엑스트라버진 올리브오일, 꿀을 휘퍼기로 잘 섞는다.
3 플레이팅용 발사믹 식초와 꿀을 냄비에 넣고 중불로 졸인다.
4 토마토와 모짜렐라 치즈를 얇게 슬라이스한다.

완성하기

1 양상추와 어린잎 채소믹스에 발사믹 드레싱을 섞어서 그릇에 담는다.
2 그릇 사이드에 슬라이스한 토마토와 모짜렐라 치즈를 겹겹이 놓는다.
3 발사믹 소스를 토마토와 치즈 위에 뿌린다.
4 치즈 그라인더로 파마산 치즈를 샐러드 야채 위에 갈아 주고 마무리한다.

고소함과 짭짤함이 입안 가득

하몽 리코타 샐러드

재료

- 양상추 [50g]
- 라디치오 [50g]
- 와일드 루꼴라 [10g]
- 하몽 [1ea]
- 파마산 치즈 [10g]
- 리코타 치즈(우유 [100㎖], 크림 [50㎖], 라임주스 [10㎖], 소금 [5g])
- 오리엔탈 드레싱용(진간장 [15g], 꿀 [10g], 엑스트라버진 올리브오일 [30g], 레몬즙 [20g], 통깨 [5g], 마늘 [1ea])

준비하기

1. 양상추와 라디치오, 와일드 루꼴라는 얼음물 또는 차가운 물로 씻어서 신선도를 올린 뒤, 체에 받쳐 물기를 빼낸다.
2. 냄비에 우유와 크림을 넣은 다음 불의 세기를 중약불로 놓고 끓으려고 할 때 약불로 낮춰서 소금과 라임주스를 넣고 5분간 끓인 후 거즈와 체에 받쳐서 식힌다.
3. 마늘을 다져서 볼에 담은 다음, 진간장, 꿀, 오일, 레몬즙, 깨를 넣고 휘퍼기로 잘 섞어서 오리엔탈 드레싱을 만든다.

완성하기

1. 양상추와 라디치오, 루꼴라에 오리엔탈 드레싱을 섞어서 그릇에 담는다.
2. 식힌 리코타 치즈와 하몽을 한 입 크기로 찢어서 올린다.
3. 치즈 그라인더로 파마산 치즈를 샐러드 야채 위에 갈아 주고 마무리한다.

샐러드계의 스테디셀러

케이준 치킨 샐러드

재료

- 양상추 [50g]
- 라디치오 [50g]
- 와일드 루꼴라 [10g]
- 케이준 치킨 [3ea]
- 방울토마토 [2ea]
- 계란 [1ea]
- 머스터드 드레싱(홀그레인 머스터드 [10g], 디종 머스터드 [10g], 설탕 [20g], 식초 [10g])
- 허니 머스터드 [10g]
- 파마산 치즈 [10g]

준비하기

1. 양상추와 라디치오, 와일드 루꼴라는 얼음물 또는 차가운 물로 씻어서 신선도를 올린 뒤, 체에 받쳐 물기를 빼낸다.
2. 계란은 소금물에 8분간 삶는다.
3. 케이준 치킨은 오일을 두르고 중불에서 팬프라잉을 한다.
4. 디종 머스터드와 홀그레인 머스터드, 설탕과 식초를 넣고 휘퍼로 잘 섞어서 머스터드 드레싱을 만든다.
5. 방울토마토는 반으로 자르고, 계란은 ¼ 크기로 자른다.

완성하기

1. 양상추와 라디치오에 머스터드 드레싱을 섞어서 그릇에 담는다.
2. 샐러드 야채 위에 튀긴 듯 구운 케이준 치킨과 삶은 계란, 방울토마토를 올린다.
3. 허니 머스터드를 지그재그로 뿌려 준다.
4. 치즈 그라인더로 파마산 치즈를 샐러드 야채 위에 갈아 주고 마무리한다.

간단하고 맛있는 다이어트 식단
닭가슴살 샐러드

재료

- 양상추 [50g]
- 라디치오 [50g]
- 와일드 루꼴라 [10g]
- 닭가슴살 [1ea]
- 건포도
- 파마산 치즈 [10g]
- 리코타 치즈(우유 [100㎖], 크림 [50㎖], 라임주스 [10㎖], 소금 [5g])
- 오리엔탈 드레싱용(진간장 [15g], 꿀 [10g], 엑스트라버진 올리브오일 [30g], 레몬즙 [20g], 통깨 [5g], 마늘 [1ea])

준비하기

1. 양상추와 라디치오, 와일드 루꼴라는 얼음물 또는 차가운 물로 씻어서 신선도를 올린 뒤, 체에 받쳐 물기를 빼낸다.
2. 냄비에 우유와 크림을 넣은 다음 불의 세기를 중약불로 놓고 끓으려고 할 때 약불로 낮춰서 소금과 라임주스를 넣고 5분간 끓인 후 거즈와 체에 받쳐서 식힌다.
3. 마늘을 다져서 볼에 담고 진간장, 꿀, 오일, 레몬즙, 깨를 넣고 휘퍼기로 잘 섞어서 오리엔탈 드레싱을 만든다.

완성하기

1. 양상추와 라디치오, 루꼴라에 오리엔탈 드레싱을 섞어서 그릇에 담는다.
2. 식힌 리코타 치즈와 닭가슴살을 한 입 크기로 찢어서 올리고 건포도를 올린다.
3. 치즈 그라인더로 파마산 치즈를 샐러드 야채 위에 갈아 주고 마무리한다.

채소마저 사랑하게 되는 마법
포크 스테이크 샐러드

재료

- 양상추 [50g]
- 라디치오 [50g]
- 피망 [10g]
- 계란 [1ea]
- 방울토마토 [2ea]
- 돼지 목살 [100g]
- 발사믹 소스 드레싱(발사믹 식초 [30g], 엑스트라버진 올리브오일 [30g], 꿀 [20g])
- 아이올리 소스(마요네즈 [30g], 레몬즙 [10g], 마늘 [2ea], 꿀 [5g], 소금 [2g], 후추 [1g])
- 통후추 [10g]
- 허브 소금 [5g]
- 올리브오일 [10㎖]
- 파마산 치즈 [10g]

준비하기

1. 양상추와 라디치오는 얼음물 또는 차가운 물로 씻어서 신선도를 올린 뒤, 체에 받쳐 물기를 빼낸다.
2. 계란을 소금물에 8분간 삶는다.
3. 목살을 통후추와 허브 소금으로 마리네이드하여 미디엄 레어로 중불로 구워 준다.
4. 발사믹 식초와 엑스트라버진 올리브오일, 꿀을 휘퍼기로 잘 섞는다.
5. 마늘은 다져서 볼에 담고 마요네즈, 레몬즙, 꿀, 소금, 후추를 잘 섞어서 아이올리 소스를 만든다.
6. 피망은 얇게 채 썰고, 방울토마토는 반으로 자르고 계란은 ¼ 크기로 자른다.

완성하기

1. 양상추와 어린잎 채소믹스에 발사믹 드레싱을 섞어서 그릇에 담는다.
2. 샐러드 위에 구운 목살과 피망채, 방울토마토, 계란을 올린다.
3. 아이올리 소스를 위에 뿌린다.
4. 치즈 그라인더로 파마산 치즈를 샐러드 야채 위에 갈아 주고 마무리한다.

바다를 품은 상큼함

만다린 새우 샐러드

재료

- 양상추 [100g]
- 와일드 루꼴라 [10g]
- 귤 [1ea]
- 새우 [5ea]
- 계란 [1ea]
- 소금 [5g]
- 파마산 치즈 [10g]
- 머스터드 드레싱(홀그레인 머스터드 [10g])
- 리코타 치즈(우유 [100㎖], 크림 [50㎖])

준비하기

1. 양상추와 와일드 루꼴라는 얼음물 또는 차가운 물로 씻어서 신선도를 올린 뒤, 체에 받쳐 물기를 빼낸다.
2. 냄비에 우유와 크림을 넣은 다음 불의 세기를 중약불로 놓고 끓으려고 할 때 약불로 낮춰서 소금과 라임주스를 넣고 5분간 끓인 후 거즈와 체에 받쳐서 식힌다.
3. 계란은 소금물에 8분간 삶는다.
4. 새우는 뜨거운 소금물에 잘 데쳐서 차가운 물에 식혀 준다.
5. 디종 머스터드와 홀그레인 머스터드, 설탕과 식초를 넣고 휘퍼로 잘 섞어서 머스터드 드레싱을 만든다.
6. 계란은 ¼ 크기로 자르고, 귤은 껍질을 까서 한 입 크기로 썬다.

완성하기

1. 양상추와 와일드 루꼴라에 머스터드 드레싱을 섞어서 그릇에 담는다.
2. 샐러드 야채 위에 새우와 계란, 귤, 리코타 치즈를 올린다.
3. 치즈 그라인더로 파마산 치즈를 샐러드 야채 위에 갈아 주고 마무리한다.

입에서 녹는 달콤함과 부드러움
무화과 리코타 샐러드

재료

- 양상추 [100g]
- 와일드 루꼴라 [10g]
- 무화과 [2ea]
- 파마산 치즈 [10g]
- 리코타 치즈(우유 [100㎖], 크림 [50㎖], 라임주스 [10㎖], 소금 [5g])
- 오리엔탈 드레싱용(진간장 [15g], 꿀 [10g], 엑스트라버진 올리브오일 [30g], 레몬즙 [20g], 통깨 5g, 마늘 [1ea])

준비하기

1. 양상추와 와일드 루꼴라는 얼음물 또는 차가운 물로 씻어서 신선도를 올린 뒤, 체에 받쳐 물기를 빼낸다.
2. 냄비에 우유와 크림을 넣은 다음 불의 세기를 중약불로 놓고 끓으려고 할 때 약불로 낮춰서 소금과 라임주스를 넣고 5분간 끓인 후 거즈와 체에 받쳐서 식힌다.
3. 마늘을 다져서 볼에 담은 다음, 진간장, 꿀, 오일, 레몬즙, 깨를 넣고 휘퍼기로 잘 섞어서 오리엔탈 드레싱을 만든다.
4. 무화과를 한 입 크기로 자른다.

완성하기

1. 양상추와 루꼴라에 오리엔탈 드레싱을 섞어서 그릇에 담는다.
2. 식힌 리코타 치즈와 무화과를 올린다.
3. 치즈 그라인더로 파마산 치즈를 샐러드 야채 위에 갈아 주고 마무리한다.

2

Pasta

—

파스타

입안 가득 느껴지는 바다 내음
봉골레 생면 스파게티니

재료

- 파스타면 반죽(강력분 [100g], 계란 [1ea], 엑스트라버진 올리브오일 [5㎖], 소금 약간)
- 해물스톡(물 [1ℓ], 홍합 [100g], 꽃게 [100g], 양파 [100g], 당근 [100g], 샐러리 [50g], 월계수잎 [3ea], 통후추 [5g])
- 엑스트라버진 올리브오일 [30g]
- 바지락 [100g]
- 화이트 와인 [10g]
- 마늘 [3ea]
- 와일드 루꼴라 [10g]
- 애호박 [10g]
- 파마산 치즈 [10g]
- 페페론치노 [2g]
- 소금·후추 약간씩

준비하기

1. 계란을 풀고 강력분과 소금, 오일을 섞어서 잘 반죽하여 2~3시간 뒤에 반죽을 사용한다(하루 이상 냉장 숙성 시 더 좋음).
2. 반죽된 면은 제면기로 펼친 뒤, 스파게티니면으로 뽑아서 사용한다.
3. 홍합을 소금물로 해감한 다음, 꽃게, 양파, 당근, 샐러리, 월계수잎, 통후추를 넣고 15분간 끓인다.
4. 바지락을 불순물 제거를 위해 소금물에 담갔다가 깨끗이 씻어서 사용한다.
5. 마늘은 다지고, 슬라이스한다.
6. 루꼴라를 다져 준다.

면 삶기

끓는 물 1ℓ에 굵은 소금 10g을 넣고 약 1분간 알덴테로 삶는다.

완성하기

1. 프라이팬에 올리브오일을 두른 후, 바지락을 센 불에 익히다가 슬라이스와 다진 마늘과 페페론치노를 넣고 화이트 와인을 넣어서 플럼베를 하여 주고 해물스톡 150㎖를 넣고 끓인다.
2. 끓으면 면을 넣고 애호박과 소금, 후추 간을 하여 졸이고 엑스트라버진 올리브오일을 더 넣는다.
3. 접시에 파스타를 담은 뒤, 다진 루꼴라를 올려서 파마산 치즈 가루로 마무리한다.

쫄깃한 식감과 고소한 감칠맛

참소라 생면 알리오올리오

재료

- 파스타면 반죽(강력분 [100g], 계란 [1ea], 엑스트라버진 올리브오일 [5㎖], 소금 약간)
- 마늘 퓨레(마늘 [10ea], 엑스트라버진 올리브오일 [30㎖], 소금)
- 해물스톡(물 [1ℓ], 홍합 [100g], 꽃게 [100g], 양파 [100g], 당근 [100g], 샐러리 [50g], 월계수잎 [3ea], 통후추 [5g])
- 참소라 [100g]
- 마늘 [6ea]
- 페페론치노 [2g]
- 올리브오일 [30g]
- 와일드 루꼴라 [10g]
- 파마산 치즈 [10g]
- 소금·후추 약간씩

준비하기

1. 계란을 풀고 강력분과 소금, 오일을 섞어서 잘 반죽하여 2~3시간 뒤에 반죽을 사용한다(하루 이상 냉장 숙성 시 더 좋음).
2. 반죽된 면은 제면기로 펼친 뒤 스파게티니면으로 뽑아서 사용한다.
3. 홍합은 소금물로 해감한 뒤 꽃게, 양파, 당근, 샐러리, 월계수잎, 통후추를 넣고 15분간 끓인다.
4. 마늘을 10분 정도 데친 다음, 엑스트라버진 올리브오일과 소금을 믹서로 갈아서 마늘 퓨레를 만든다.
5. 마늘은 다지고, 슬라이스한다.
6. 루꼴라를 다진다.

면 삶기
끓는 물 1ℓ에 굵은 소금 10g을 넣고 약 1분간 알덴테로 삶는다.

완성하기

1. 프라이팬에 올리브오일을 두르고 슬라이스 마늘을 살짝 익힌 후, 다진 마늘과 페페론치노, 참소라를 넣고 해물스톡 150㎖를 넣고 끓인다.
2. 끓으면 면을 넣고 마늘 퓨레와 소금, 후추 간을 하여 졸이고 엑스트라버진 올리브오일을 넣어 파스타에 더 입혀 준다.
3. 접시에 파스타를 담은 뒤, 다진 루꼴라를 올려서 파마산 치즈 가루로 마무리한다.

꾸덕함에 먹물을 더하다
먹물 생면 크림 까르보나라

재료

- 파스타면 반죽(강력분 [100g], 계란 [1ea], 오징어 먹물 [3g], 엑스트라버진 올리브오일 [5㎖], 소금 약간)
- 바지락 [100g]
- 마늘 [1ea]
- 양파 [10g]
- 베이컨 [25g]
- 느타리버섯 [50g]
- 크림 [150㎖]
- 우유 [150㎖]
- 올리브오일 [15g]
- 화이트 와인 [10g]
- 양송이 [2ea]
- 계란 [1ea]
- 파마산 치즈 [10g]
- 소금·후추 약간씩

준비하기

1. 계란을 오징어 먹물과 풀어 주고 강력분과 소금, 오일을 섞어서 잘 반죽하여 2~3시간 뒤에 반죽을 사용한다(하루 이상 냉장 숙성 시 더 좋음).
2. 반죽된 면은 제면기로 펼친 뒤 스파게티면으로 뽑아서 사용한다.
3. 마늘과 양파는 다지고, 버섯과 베이컨은 먹기 좋은 크기로 썬다.
4. 양송이는 슬라이스한다.

면 삶기
끓는 물 1ℓ에 굵은 소금 10g을 넣고 약 1분간 알덴테로 삶는다.

완성하기

1. 프라이팬에 올리브오일을 두른 다음, 다진 마늘과 다진 양파를 넣고 살짝 볶은 뒤 베이컨과 버섯을 넣는다.
2. 볶은 팬에 넣고 크림과 우유를 넣는다.
3. 끓으면 스파게티니를 넣고 소금, 후추 간을 한 뒤 끓이고 마지막에 계란 노른자를 넣고 섞는다.
4. 접시에 파스타를 담은 뒤, 양송이 슬라이스를 올려서 파마산 치즈 가루로 마무리한다.

진한 마늘과 버터의 만남
갈릭 버터 생면 카펠리니

재료

- 파스타면 반죽(강력분 [100g], 계란 [1ea], 오징어 먹물 [3g], 엑스트라버진 올리브오일 [5㎖], 소금 약간)
- 치킨스톡(물 [500㎖], 액상 치킨스톡 [20g])
- 버터 [70g]
- 양파 [10g]
- 새우 [5ea]
- 와일드 루꼴라 [10g]
- 페페론치노 [1g]
- 파마산 치즈 [10g]
- 마늘 [3ea]
- 소금·후추 약간씩

준비하기

1. 계란을 오징어 먹물과 풀어 주고 강력분과 소금, 오일을 섞어서 잘 반죽하여 2~3시간 뒤에 반죽을 사용한다(하루 이상 냉장 숙성 시 더 좋음).
2. 반죽된 면은 제면기로 펼친 뒤 스파게티니면으로 뽑아서 사용한다.
3. 마늘은 다지고 새우는 머리와 내장, 껍질을 제거한다.
4. 치킨스톡을 끓인다.
5. 버터는 70g으로 중량을 재고, 와일드 루꼴라를 다진다.

면 삶기
끓는 물 1ℓ에 굵은 소금 10g을 넣고 약 1분간 알덴테로 삶는다.

완성하기

1. 프라이팬에 버터를 녹이면서 다진 마늘과 새우를 넣어 준다.
2. 버터가 다 녹으면 치킨스톡 200㎖와 삶은 파스타면, 소금, 후추 간을 하며 졸인다.
3. 접시에 파스타를 담은 뒤, 페페론치노와 다진 루꼴라를 올려서 파마산 치즈 가루로 마무리한다.

고소함과 담백함이 일품인

연어 생면 알리오올리오

재료

- 파스타면 반죽(강력분 [100g], 계란 [1ea], 엑스트라버진 올리브오일 [5㎖], 소금 약간)
- 해물스톡(물 [1ℓ], 홍합 [100g], 꽃게 [100g], 양파 [100g], 당근 [100g], 샐러리 [50g], 월계수잎 [3ea], 통후추 [5g])
- 마늘 퓨레(마늘 [10ea], 엑스트라버진 올리브오일 [30㎖], 소금)
- 연어 [100g]
- 마늘 [6ea]
- 페페론치노 [2g]
- 올리브오일 [30g]
- 와일드 루꼴라 [10g]
- 파마산 치즈 [10g]
- 소금 · 후추 약간씩

준비하기

1. 계란을 풀고 강력분과 소금, 오일을 섞어서 잘 반죽하여 2~3시간 뒤에 반죽을 사용한다(하루 이상 냉장 숙성 시 더 좋음).
2. 반죽된 면은 제면기로 펼친 뒤 스파게티니면으로 뽑아서 사용한다.
3. 홍합은 소금물로 해감한 뒤 꽃게, 양파, 당근, 샐러리, 월계수잎, 통후추를 넣고 15분간 끓인다.
4. 마늘을 10분 정도 데친 다음, 엑스트라버진 올리브오일과 소금을 믹서로 갈아서 마늘 퓨레를 만든다.
5. 마늘을 다지고, 슬라이스한다.
6. 루꼴라를 다지고, 연어는 먹기 좋은 크기로 썬다.

면 삶기
끓는 물 1ℓ에 굵은 소금 10g을 넣고 약 1분간 알덴테로 삶는다.

완성하기

1. 프라이팬에 올리브오일을 두른 다음, 슬라이스 마늘을 살짝 익히고 다진 마늘과 페페론치노와 해물스톡 150㎖를 넣고 끓인다.
2. 끓으면 면을 넣고 마늘 퓨레와 소금, 후추 간을 하고 80% 조리되면 연어를 넣어 살짝 더 익히고 오일을 더 넣어 면에 입혀 준다.
3. 접시에 파스타를 담은 뒤, 다진 루꼴라를 올려서 파마산 치즈 가루로 마무리한다.

고기 소스의 깊은 풍미

라구 생면 파스타

재료

- 파스타면 반죽(강력분 [100g], 계란 [1ea], 엑스트라버진 올리브오일 [5㎖], 소금 약간)
- 라구 소스(버터 [30g], 우민찌 [100g], 돈민찌 [100g], 베이컨 [30g], 양파 [100g], 당근 [100g], 샐러리 [100g], 타임 [10g], 토마토 페이스트 [50g], 레드와인 [20㎖], 설탕 [30g], 치킨스톡 [1ℓ], 월계수잎 [5ea], 소금 약간)
- 치킨스톡(물 [1ℓ], 액상 치킨스톡 [20g])
- 와일드 루꼴라 [10g]
- 양송이 [1ea]
- 파마산 치즈 [10g]
- 소금 · 후추 · 설탕 조금씩

준비하기

1. 계란을 풀고 강력분과 소금, 오일을 섞어서 잘 반죽하여 2~3시간 뒤에 반죽을 사용한다(하루 이상 냉장 숙성 시 더 좋음).
2. 반죽된 면은 제면기로 펼쳐서 스파게티니면으로 뽑는다.
3. 치킨스톡을 끓인다.
4. 양파, 당근, 샐러리, 베이컨, 타임을 다진 후, 팬에 버터를 두르고 야채를 오래 볶다가 숨이 죽으면 다진 베이컨과 우민찌와 돈민찌, 다진 타임, 소금, 후추 간을 하여 볶다가 토마토 페이스트로 한 번 더 볶고 레드와인과 설탕 30g을 넣고 볶다가 치킨스톡 1ℓ와 월계수잎을 넣고 30~40분간 중불에서 끓이면서 거품을 제거한다(토마토 페이스트와 토마토홀을 동시에 사용하면 풍미가 더 깊어짐).
5. 와일드 루꼴라는 다지고, 양송이는 슬라이스한다.

면 삶기

끓는 물 1ℓ에 굵은 소금 10g을 넣고 약 1분간 삶는다.

완성하기

1. 프라이팬에 라구 소스 300㎖와 치킨스톡 150㎖를 넣고 끓인다.
2. 끓으면 스파게티니면과 소금, 후추, 설탕으로 간을 한다.
3. 파스타를 접시에 담은 뒤, 양송이 슬라이스와 다진 루꼴라를 올리고 파마산 치즈를 갈아서 마무리한다.

샐러드야, 파스타야?

닭가슴살 바질 & 루꼴라 생면 냉파스타

재료

- 파스타면 반죽(강력분 [100g], 계란 [1ea], 엑스트라버진 올리브오일 [5㎖], 소금 약간)
- 리코타 치즈(우유 [400㎖], 크림 [200㎖], 레몬주스 [60㎖], 소금 [10g])
- 바질 페스토(바질 [25g], 잣 [12g], 그라나파다노 치즈 [20g], 올리브오일 [50㎖], 마늘 [1ea], 소금 [1g])
- 토마토 피클물(방울토마토 [5ea], 물 [40g], 식초 [15g], 설탕 [12g], 소금 [1g])
- 닭가슴살 [50g]
- 올리브 [5g]
- 방울토마토 [3ea]
- 와일드 루꼴라 [30g]
- 옥수수콘 [10g]
- 파마산 치즈 [10g]

준비하기

1. 계란을 풀고 강력분과 소금, 오일을 섞어서 잘 반죽하여 2~3시간 뒤에 반죽을 사용한다(하루 이상 냉장 숙성 시 더 좋음).
2. 반죽된 면은 제면기로 펼친 뒤 스파게티니면으로 뽑아서 사용한다.
3. 잣과 치즈, 소금을 믹서기에 곱게 간 뒤, 씻은 바질과 오일을 넣고 한 번 더 갈아서 바질 페스토를 만든다.
4. 냄비에 크림과 우유를 넣은 다음 불의 세기를 중불로 놓고 끓으려고 할 때 레몬주스와 소금을 넣고 약불에서 5분간 끓인 후 체에 내려서 리코타 치즈를 만든다.
5. 방울토마토 5개는 으깨고 식초, 설탕, 소금, 물을 넣고 피클물을 끓였다가 식힌다.

면 삶기
끓는 물 1ℓ에 굵은 소금 10g을 넣고 약 3~4분간 알덴테로 삶는다.

완성하기

1. 볼에 파스타면과 바질 페스토를 넣고 잘 섞는다.
2. 면을 먼저 담고 루꼴라와 닭가슴살을 순서대로 올린다.
3. 샐러드 야채 위에 방울토마토, 올리브, 옥수수콘, 파마산 치즈 가루로 마무리하고, 마지막으로 맨 밑에 토마토 피클물을 조금 깔아 준다.

입맛 돋게 하는 신선함

연어 샐러드 생면 냉파스타

재료

- 파스타면 반죽(강력분 [100g], 계란 [1ea], 엑스트라버진 올리브오일 [5㎖], 소금 약간)
- 오리엔탈 드레싱(간장 [10g], 식초 [5g], 엑스트라버진 올리브오일 [5g], 설탕 [3g], 참깨 [3g])
- 연어 [50g]
- 양상추 [50g]
- 와일드 루꼴라 [10g]
- 옥수수콘 [10g]
- 올리브 [5g]
- 방울토마토 [3ea]
- 파마산 치즈 [10g]

준비하기

1. 계란을 풀고 강력분과 소금, 오일을 섞어서 잘 반죽하여 2~3시간 뒤에 반죽을 사용한다(하루 이상 냉장 숙성 시 더 좋음).
2. 반죽된 면은 제면기로 펼친 뒤 스파게티니면으로 뽑아서 사용한다.
3. 간장, 식초, 설탕, 오일을 넣고 잘 섞어서 오리엔탈 드레싱을 만든다.
4. 샐러드 야채와 연어는 한 입 크기로 썬다.

면 삶기
끓는 물 1ℓ에 굵은 소금 10g을 넣고 약 3~4분간 알덴테로 삶는다.

완성하기

1. 볼에 샐러드 야채와 면, 오리엔탈 드레싱과 연어를 넣고 잘 섞는다.
2. 면을 먼저 담고 야채와 연어 순으로 올린다.
3. 샐러드 야채 위에 방울토마토, 올리브, 옥수수콘, 파마산 치즈 가루로 마무리한다.

한입 가득 쫄깃함을

관자 오일 라비올리

재료

- 파스타면 반죽(강력분 [200g], 계란 [2ea], 엑스트라버진 올리브오일 [5㎖], 소금 약간)
- 리코타 치즈(우유 [400㎖], 크림 [200㎖], 레몬주스 [60㎖], 소금 [10g])
- 치킨스톡(물 [500㎖], 액상 치킨스톡 [20g])
- 마늘 [2ea]
- 애호박 [20g]
- 관자 [15ea]
- 계란 [1ea]
- 레몬즙 [5㎖]
- 와일드 루꼴라 [10g]
- 피스타치오 분태 [5g]
- 어니언칩 [10g]
- 올리브오일 [30㎖]
- 파마산 치즈 [10g]
- 소금 · 후추 약간씩

준비하기

1. 계란을 풀고 강력분과 소금, 오일을 섞어서 잘 반죽하여 2~3시간 뒤에 반죽을 사용한다(하루 이상 냉장 숙성 시 더 좋음).
2. 냄비에 크림과 우유를 넣은 다음 불의 세기를 중불로 놓고 끓으려고 할 때 레몬주스와 소금을 넣고 약불에서 5분간 끓인 후 체에 내려서 리코타 치즈를 만든다.
3. 관자 10개는 다진 뒤 소금, 후추 간을 하여 볶는다.
4. 리코타 치즈와 볶은 관자를 섞어서 라비올리 소를 완성한다.
5. 반죽된 면은 제면기로 펼친 뒤 라비올리 소를 채우고 계란물을 덮은 뒤 원하는 모양으로 커팅한다.
6. 치킨스톡을 끓인다.
7. 마늘과 애호박을 슬라이스하고, 와일드 루꼴라를 다진다.

면 삶기

끓는 물 1ℓ에 굵은 소금 10g을 넣고 약 10초간 데친다.

완성하기

1. 프라이팬에 오일을 두르고 마늘과 애호박 슬라이스를 살짝 볶는다.
2. 치킨스톡 150㎖와 삶은 라비올리, 관자, 소금, 후추 간을 하며 졸인다.
3. 접시에 파스타를 담은 뒤 다진 루꼴라와 피스타치오 분태, 어니언칩을 올려서 레몬즙과 파마산 치즈 가루로 마무리한다.

꾸덕함과 상큼함의 조화
감베리 버터 & 레몬 라비올리

재료

- 파스타면 반죽(강력분 [200g], 계란 [2ea], 엑스트라버진 올리브오일 [5㎖], 소금 약간)
- 리코타 치즈(우유 [400㎖], 크림 [200㎖], 레몬주스 [60㎖], 소금 [10g]), 계란 [1ea]
- 치킨스톡(물 [500㎖], 액상 치킨스톡 [20g])
- 마늘 [2ea]
- 애호박 [20g]
- 관자 [15ea]
- 레몬즙 [5㎖]
- 와일드 루꼴라 [10g]
- 피스타치오 분태 [5g]
- 어니언칩 [10g]
- 올리브오일 [30㎖]
- 파마산 치즈 [10g]
- 소금 · 후추 약간씩

준비하기

1. 계란을 풀고 강력분과 소금, 오일을 섞어서 잘 반죽하여 2~3시간 뒤에 반죽을 사용한다(하루 이상 냉장 숙성 시 더 좋음).
2. 냄비에 크림과 우유를 넣은 다음 불의 세기를 중불로 놓고 끓으려고 할 때 레몬주스와 소금을 넣고 약불에서 5분간 끓인 후 체에 내려서 리코타 치즈를 만든다.
3. 새우 10개는 머리와 껍질 및 내장을 제거하여 다진 뒤 소금, 후추 간을 하여 볶는다.
4. 리코타 치즈와 볶은 새우를 섞어서 라비올리 소를 완성한다.
5. 반죽된 면은 제면기로 펼친 뒤 라비올리 소를 채우고 계란물을 덮은 뒤 원하는 모양으로 커팅한다.
6. 치킨스톡을 끓인다.
7. 버터는 70g으로 중량을 재고, 와일드 루꼴라를 다진다.

면 삶기
끓는 물 1ℓ에 굵은 소금 10g을 넣고 약 10초간 데친다.

완성하기

1. 프라이팬에 버터를 녹이면서 새우를 넣는다.
2. 버터가 다 녹으면 치킨스톡 150㎖와 삶은 라비올리, 소금, 후추 간을 하며 졸인다.
3. 접시에 파스타를 담은 뒤 다진 루꼴라와 피스타치오 분태, 어니언칩을 올려서 레몬즙과 파마산 치즈 가루로 마무리한다.

클래식함의 매력과 감동
생면 라자냐

재료

- 파스타면 반죽(강력분 [100g], 계란 [1ea], 엑스트라버진 올리브오일 [5㎖], 소금 약간)
- 라구 소스(버터 [30g], 우민찌 [100g], 돈민찌 [100g], 베이컨 [30g], 양파 [100g], 당근 [100g], 샐러리 [100g], 타임 [10g], 토마토 페이스트 [50g], 레드와인 [20㎖], 설탕 [30g], 치킨스톡 [1ℓ], 월계수잎 [5ea], 소금 약간) • **치킨스톡**(물 [1ℓ], 액상 치킨스톡 [20g])
- 베샤멜 소스(버터 [20g], 밀가루 [40g], 크림 [100㎖], 우유 [100㎖], 월계수잎 [3ea], 통후추, 소금 약간) • 와일드 루꼴라 [10g] • 파마산 치즈 [10g] • 피자 치즈 [15g]

준비하기

1. 계란을 풀고 강력분과 소금, 오일을 섞어서 잘 반죽하여 2~3시간 뒤에 반죽을 사용한다(하루 이상 냉장 숙성 시 더 좋음).
2. 반죽된 면은 제면기로 펼쳐서 자른다.
3. 치킨스톡을 끓인다.
4. 양파, 당근, 샐러리, 베이컨, 타임을 다진 후, 팬에 버터를 두르고 야채를 오래 볶다가 숨이 죽으면 다진 베이컨과 우민찌와 돈민찌, 다진 타임, 소금, 후추 간을 하여 볶다가 토마토 페이스트로 한 번 더 볶고 레드와인과 설탕 30g을 넣고 볶다가 치킨스톡 1ℓ와 월계수잎을 넣고 30~40분간 중불에서 끓이면서 거품을 제거한다(토마토 페이스트와 토마토홀을 동시에 사용하면 풍미가 더 깊어짐).
5. 팬에 버터와 밀가루를 볶아 화이트 루를 만든 다음, 크림과 우유, 월계수잎, 소금, 통후추를 넣어 끓이고 체에 내려서 베샤멜 소스를 만든다.
6. 와일드 루꼴라를 다진다.

면 삶기
끓는 물 1ℓ에 굵은 소금 10g을 넣고 약 3분간 삶는다.

완성하기

1. 오븐 온도를 300도로 예열한다.
2. 오븐 전용 용기에 라구 소스와 베샤멜 소스 그리고 면을 겹겹이 쌓아 준다.
3. 마지막에 피자 치즈를 올려서 3~5분간 라자냐를 구운 뒤, 다진 루꼴라와 파마산 치즈 가루로 마무리한다.

고소함과 짠맛의 밸런스
잠봉버터 스파게티니

재료

- 파스타면 반죽(강력분 [100g], 계란 [1ea], 엑스트라버진 올리브오일 [5㎖], 소금 약간)
- 치킨스톡(물 [500㎖], 액상 치킨스톡 [20g])
- 버터 [70g]
- 잠봉 [30g]
- 레몬즙 [5㎖]
- 당근 [30g]
- 와일드 루꼴라 [10g]
- 파마산 치즈 [10g]
- 소금, 후추 약간씩

준비하기

1. 계란을 풀고 강력분과 소금, 오일을 섞어서 잘 반죽하여 2~3시간 뒤에 반죽을 사용한다(하루 이상 냉장 숙성 시 더 좋음).
2. 반죽된 면은 제면기로 펼친 뒤 스파게티니면으로 뽑아서 사용한다.
3. 치킨스톡을 끓인다.
4. 버터는 70g으로 중량을 재고, 잠봉은 찢어 둔다.
5. 와일드 루꼴라를 다지고, 당근을 얇게 채 썬다.

면 삶기
끓는 물 1ℓ에 굵은 소금 10g을 넣고 약 1분간 알덴테로 삶는다.

완성하기

1. 프라이팬에 버터를 녹이면서 당근채를 넣는다.
2. 버터가 다 녹으면 치킨스톡 200㎖, 삶은 파스타면을 넣고 소금, 후추 간을 하며 졸인다.
3. 접시에 파스타를 담은 뒤 잠봉과 다진 루꼴라를 올려서 레몬즙과 파마산 치즈 가루로 마무리한다.

평범함에 감칠맛을 더하다
표고버섯 알리오올리오

재료

- 파스타면 반죽(강력분 [100g], 계란 [1ea], 엑스트라버진 올리브오일 [5㎖], 소금 약간)
- 마늘 퓨레(마늘 [10ea], 엑스트라버진 올리브오일 [30㎖], 소금)
- 버섯스톡(물 [1ℓ], 표고버섯 [200g], 느타리버섯 [200g], 목이버섯 [200g], 월계수잎 [3ea], 통후추 [5g])
- 표고버섯 [2ea]
- 마늘 [6ea]
- 페페론치노 [2g]
- 올리브오일 [30g]
- 와일드 루꼴라 [10g]
- 파마산 치즈 [10g]
- 소금·후추 약간씩

준비하기

1. 계란을 풀고 강력분과 소금, 오일을 섞어서 잘 반죽하여 2~3시간 뒤에 반죽을 사용한다(하루 이상 냉장 숙성 시 더 좋음).
2. 반죽된 면은 제면기로 펼친 뒤 스파게티니면으로 뽑아서 사용한다.
3. 냄비에 오일을 두르고 버섯들을 볶다가 물과 월계수잎, 통후추를 넣고 15분간 끓인다.
4. 마늘을 10분 정도 데쳐서 엑스트라버진 올리브오일과 소금을 믹서로 갈아서 마늘 퓨레를 만든다.
5. 마늘은 다지고, 슬라이스한다.
6. 루꼴라를 다지고, 표고버섯은 얇게 슬라이스한다.

면 삶기
끓는 물 1ℓ에 굵은 소금 10g을 넣고 약 1분간 알덴테로 삶는다.

완성하기

1. 프라이팬에 올리브오일을 두른 다음, 슬라이스 마늘과 표고버섯을 살짝 익히고 다진 마늘과 페페론치노와 버섯스톡 150㎖를 넣고 끓인다
2. 끓으면 면을 넣고 마늘 퓨레와 소금, 후추 간을 하여 졸이고 마지막에 엑스트라버진 올리브오일을 더 넣고 파스타에 입혀 준다.
3. 접시에 파스타를 담은 뒤, 다진 루꼴라를 올려서 파마산 치즈 가루로 마무리한다.

부추의 변신은 무죄

부추 알리오올리오

재료

- 파스타면 반죽(강력분 [100g], 계란 [1ea], 엑스트라버진 올리브오일 [5㎖], 소금 약간)
- 마늘 퓨레(마늘 [10ea], 엑스트라버진 올리브오일 [30㎖,] 소금)
- 버섯스톡(물 [1ℓ], 표고버섯 [200g], 느타리버섯 [200g], 목이버섯 [200g], 월계수잎 [3ea], 통후추 [5g])
- 부추 [100g]
- 마늘 [6ea]
- 페페론치노 [2g]
- 올리브오일 [30g]
- 파마산 치즈 [10g]
- 소금 · 후추 약간씩

준비하기

1. 계란을 풀고 강력분과 소금, 오일을 섞어서 잘 반죽하여 2~3시간 뒤에 반죽을 사용한다(하루 이상 냉장 숙성 시 더 좋음).
2. 반죽된 면은 제면기로 펼친 뒤 스파게티니면으로 뽑아서 사용한다.
3. 냄비에 오일을 두르고 버섯들을 볶다가 물과 월계수잎, 통후추를 넣고 15분간 끓인다.
4. 마늘을 10분 정도 데쳐서 엑스트라버진 올리브오일과 소금을 믹서로 갈아서 마늘 퓨레를 만든다.
5. 마늘은 다지고, 슬라이스한다.
6. 부추를 다진다.

면 삶기

끓는 물 1ℓ에 굵은 소금 10g을 넣고 약 1분간 알덴테로 삶는다.

완성하기

1. 프라이팬에 올리브오일을 두른 다음, 슬라이스 마늘을 살짝 익히고 다진 마늘과 페페론치노와 버섯스톡 150㎖를 넣고 끓인다.
2. 끓으면 면을 넣고 마늘 퓨레와 부추, 소금, 후추 간을 하여 졸이고 마지막에 엑스트라버진 올리브오일을 더 넣고 파스타에 입혀 준다.
3. 접시에 파스타를 담은 뒤, 다진 부추를 올려서 파마산 치즈 가루로 마무리한다.

속이 꽉 찬 이탈리안 만두

관자 오일 토르텔리니

재료

- 파스타면 반죽(강력분 [200g], 계란 [2ea], 엑스트라버진 올리브오일 [5㎖], 소금 약간)
- 리코타 치즈(우유 [400㎖], 크림 [200㎖], 레몬주스 [60㎖], 소금 [10g])
- 치킨스톡(물 [500㎖], 액상 치킨스톡 [20g])
- 마늘 [2ea] · 애호박 [20g] · 관자 [15ea] · 계란 [1ea] · 레몬즙 [5㎖]
- 와일드 루꼴라 [10g] · 피스타치오 분태 [5g] · 어니언칩 [10g] · 올리브오일 [30㎖]
- 파마산 치즈 [10g] · 소금 · 후추 약간씩

준비하기

1. 계란을 풀고 강력분과 소금, 오일을 섞어서 잘 반죽하여 2~3시간 뒤에 반죽을 사용한다(하루 이상 냉장 숙성 시 더 좋음).
2. 냄비에 크림과 우유를 넣은 다음 불의 세기를 중불로 놓고 끓으려고 할 때 레몬주스와 소금을 넣고 약불에서 5분간 끓인 후 체에 내려서 리코타 치즈를 만든다.
3. 관자 10개는 다진 뒤 소금, 후추 간을 하여 볶는다.
4. 리코타 치즈와 볶은 관자를 섞어서 토르텔리니 소를 완성한다.
5. 반죽된 면은 제면기로 펼친 뒤 토르텔리니 소를 채우고 계란물을 덮은 뒤 토르텔리니 모양으로 만들어 준다.
6. 치킨스톡을 끓인다.
7. 마늘과 애호박은 슬라이스하고, 와일드 루꼴라를 다진다.

면 삶기
끓는 물 1ℓ에 굵은 소금 10g을 넣고 약 10초간 데친다.

완성하기

1. 프라이팬에 오일을 두르고 마늘과 애호박 슬라이스를 살짝 볶는다.
2. 치킨스톡 150㎖와 삶은 토르텔리니, 관자, 소금, 후추 간을 하며 졸인다.
3. 접시에 파스타를 담은 뒤 다진 루꼴라와 피스타치오 분태, 어니언칩을 올려서 레몬즙과 파마산 치즈 가루로 마무리한다.

입이 즐거워지는 맛

감베리 버터 & 레몬 토르텔리니

재료

- 파스타면 반죽(강력분 [200g], 계란 [2ea], 엑스트라버진 올리브오일 [5㎖], 소금 약간)
- 리코타 치즈(우유 [400㎖], 크림 200㎖, 레몬주스 [60㎖], 소금 [10g])
- 치킨스톡(물 [500㎖], 액상 치킨스톡 [20g]) • 버터 [70g] • 새우 [15ea] • 계란 [1ea]
- 레몬즙 [5㎖] • 와일드 루꼴라 [10g] • 피스타치오 분태 [5g] • 어니언칩 [10g]
- 올리브오일 [10㎖] • 파마산 치즈 [10g] • 소금·후추 약간씩

준비하기

1. 계란을 풀고 강력분과 소금, 오일을 섞어서 잘 반죽하여 2~3시간 뒤에 반죽을 사용한다(하루 이상 냉장 숙성 시 더 좋음).
2. 냄비에 크림과 우유를 넣은 다음 불의 세기를 중불로 놓고 끓으려고 할 때 레몬주스와 소금을 넣고 약불에서 5분간 끓인 후 체에 내려서 리코타 치즈를 만든다.
3. 새우 10개는 머리와 껍질 및 내장을 제거하여 다진 뒤 소금, 후추 간을 하여 볶는다.
4. 리코타 치즈와 볶은 새우를 섞어서 토르텔리니 소를 완성한다.
5. 반죽된 면은 제면기로 펼친 뒤 토르텔리니 소를 채우고 계란물을 덮은 뒤 토르텔리니 모양으로 만들어 준다.
6. 치킨스톡을 끓인다.
7. 버터는 70g으로 중량을 달고, 와일드 루꼴라를 다진다.

면 삶기

끓는 물 1ℓ에 굵은 소금 10g을 재고 약 10초간 데친다.

완성하기

1. 프라이팬에 버터를 녹이면서 새우를 넣는다.
2. 버터가 다 녹으면 치킨스톡 150㎖와 데친 라비올리, 소금, 후추 간을 하며 졸인다.
3. 접시에 파스타를 담은 뒤 다진 루꼴라와 피스타치오 분태, 어니언칩을 올려서 레몬즙과 파마산 치즈 가루로 마무리한다.

한국에서 느끼는 이탈리아 전통
먹물 생면 리얼 까르보나라

재료

- 파스타면 반죽(강력분 [100g], 계란 [1ea], 오징어 먹물 [3g], 엑스트라버진 올리브오일 [5㎖], 소금 약간)
- 베이컨 [50g]
- 페코리노 치즈 [50g]
- 올리브오일 [15g]
- 파마산 치즈 [10g]
- 화이트 와인 [10g]
- 소금·통후추 약간씩
- 계란 [5ea]

준비하기

1. 계란을 풀고 강력분과 소금, 오일을 섞어서 잘 반죽하여 2~3시간 뒤에 반죽을 사용한다(하루 이상 냉장 숙성 시 더 좋음).
2. 반죽된 면은 제면기로 펼친 뒤 스파게티니면으로 뽑아서 사용한다.
3. 베이컨은 먹기 좋은 크기로 썬다.
4. 계란 노른자 5개와 페코리노 치즈와 소금, 후추를 넣어 믹싱하여 까르보 소스를 만든다.

면 삶기
끓는 물 1ℓ에 굵은 소금 10g을 넣고 약 3분간 알덴테로 삶는다.

완성하기

1. 프라이팬에 올리브오일을 두르고 베이컨을 볶는다.
2. 베이컨 볶은 팬에 스파게티와 면수를 조금 넣고 약불에서 까르보 소스를 넣어 1분간 잘 저어 준다.
3. 접시에 파스타를 담은 뒤, 파마산 치즈 가루와 통후추로 마무리한다.

까르보나라의 무한한 변신

밥새우 크림 까르보나라

재료

- 파스타면 반죽(강력분 [100g], 계란 [1ea], 엑스트라버진 올리브오일 [5㎖], 소금 약간)
- 밥새우 [100g]
- 마늘 [1ea]
- 양파 [10g]
- 베이컨 [25g]
- 느타리버섯 [50g]
- 크림 [150㎖]
- 우유 [150㎖]
- 올리브오일 [15g]
- 계란 [1ea]
- 파마산 치즈 [10g]
- 소금·후추 약간씩

준비하기

1. 계란을 풀고 강력분과 소금, 오일을 섞어서 잘 반죽하여 2~3시간 뒤에 반죽을 사용한다(하루 이상 냉장 숙성 시 더 좋음).
2. 반죽된 면은 제면기로 펼친 뒤 스파게티니면으로 뽑아서 사용한다.
3. 마늘과 양파는 다지고, 버섯과 베이컨은 먹기 좋은 크기로 썰어 준다.
4. 밥새우는 1분간 약불에서 볶는다.

면 삶기
끓는 물 1ℓ에 굵은 소금 10g을 넣고 약 1분간 알덴테로 삶는다.

완성하기

1. 프라이팬에 올리브오일을 두른 다음, 다진 마늘과 다진 양파를 넣고 살짝 볶은 뒤 베이컨과 버섯을 넣는다.
2. 볶은 팬에 넣고 크림과 우유를 넣는다.
3. 끓으면 스파게티니를 넣고 소금, 후추 간을 한 뒤 끓이고 마지막에 계란 노른자를 넣고 섞어서 마무리한다.
4. 접시에 파스타를 담은 뒤 밥새우를 올려서 파마산 치즈 가루로 마무리한다.

새우와 토마토의 찰떡궁합

감베리 토마토 라비올리

재료

- 파스타면 반죽(강력분 [200g], 계란 [2ea], 엑스트라버진 올리브오일 [5㎖], 소금 약간)
- 리코타 치즈(우유 [400㎖], 크림 [200㎖], 레몬주스 [60㎖], 소금 [10g])
- 토마토 소스용(토마토홀 [250g], 바질 가루 [10g], 토마토 페이스트 [20g], 다진 마늘 [10g], 다진 양파 [10g], 설탕 [15g], 소금 [5g])
- 치킨스톡(물 [500㎖], 액상 치킨스톡 [20g]) · 새우 [15ea] · 계란 [1ea]
- 와일드 루꼴라 [10g] · 올리브오일 [10㎖] · 파마산 치즈 [10g] · 소금·후추 약간씩

준비하기

1. 계란을 풀고 강력분과 소금, 오일을 섞어서 잘 반죽하여 2~3시간 뒤에 반죽을 사용한다(하루 이상 냉장 숙성 시 더 좋음).
2. 냄비에 크림과 우유를 넣은 다음 불의 세기를 중불로 놓고 끓으려고 할 때 레몬주스와 소금을 넣고 약불에서 5분간 끓인 후 체에 내려서 리코타 치즈를 만든다.
3. 새우 10개는 머리와 껍질 및 내장을 제거하여 다진 뒤 소금, 후추 간을 하여 볶는다.
4. 리코타 치즈와 볶은 새우를 섞어서 라비올리 소를 완성하고, 반죽된 면은 제면기로 펼친 뒤 라비올리 소를 채우고 계란물을 덮은 뒤 원하는 모양으로 커팅한다.
5. 치킨스톡을 끓인다.
6. 마늘과 양파, 와일드 루꼴라를 다진다.
7. 토마토 홀을 위생장갑을 껴서 으깨어 준다.
8. 팬에 올리브오일을 두른 뒤, 다진 양파와 마늘을 볶아 주고 노릇하게 익으면 토마토 페이스트를 넣고 볶아서 쓴맛을 날린 뒤 으깬 토마토 홀과 소금, 설탕, 바질가루를 넣고 5분간 끓인다.

면 삶기
끓는 물 1ℓ에 굵은 소금 10g을 넣고 약 10초간 데친다.

완성하기

1. 프라이팬에 새우를 볶다가 치킨스톡 150㎖와 토마토 소스 250g, 삶은 라비올리, 소금, 후추 간을 하며 졸인다.
2. 접시에 파스타를 담은 뒤 다진 루꼴라를 올려서 파마산 치즈 가루로 마무리한다.

토마토와 바질의 향긋한 만남
라따뚜이 스파게티

재료

- 토마토 소스용(토마토홀 [250g], 바질 가루 [10g], 토마토 페이스트 [20g], 다진 마늘 [10g], 다진 양파 [10g], 설탕 [15g], 소금 [5g])
- 야채스톡(물 [1ℓ], 표고버섯 [100g], 양파 [100g], 당근 [100g], 샐러리 [50g], 월계수잎 [3ea], 통후추 [5g])
- 스파게티 [100g] · 양파 [100g] · 애호박 [100g] · 가지 [100g] · 방울토마토 [100g]
- 바질 [10g] · 올리브오일 [30g] · 버터 [10g] · 소금 · 후추 약간씩

준비하기

1. 표고버섯, 양파, 당근, 샐러리를 살짝 구운 다음, 물을 넣고 월계수잎과 통후추를 넣은 뒤 15분간 끓인다.
2. 마늘과 양파를 다져 둔다.
3. 토마토 홀을 위생장갑을 껴서 으깨어 준다.
4. 팬에 올리브오일을 두른 다음, 다진 양파와 마늘을 볶고 노릇하게 익으면 토마토 페이스트를 넣고 볶아서 쓴맛을 날린 뒤 으깬 토마토 홀과 소금과 설탕, 바질가루를 넣고 5분간 끓인다.
5. 방울토마토는 꼭지를 제거하고 생바질을 조금 다지고 생바질을 살려 준다.
6. 양파, 애호박, 가지는 3×3㎝ 크기로 자른다.

면 삶기
끓는 물 1ℓ에 굵은 소금 10g을 넣고 약 7분간 알덴테로 삶는다.

완성하기

1. 프라이팬에 올리브오일을 두르고 양파와 애호박을 볶다가 반쯤 익으면 가지를 넣고 볶는다.
2. 어느 정도 노릇하게 볶아지면 야채스톡 150㎖와 토마토 소스 250g를 넣고 끓인다.
3. 소스가 끓기 시작하면 면을 넣고 소금과 후추 간을 하여 졸인다.
4. 마지막에 방울토마토와 버터와 오일을 넣고 생바질 다진 것을 넣고 졸인 뒤, 생바질을 데코로 올려서 마무리한다.

파스타야, 팟타이야?
삼겹살 팟타이식 스파게티

재료

- 치킨스톡(물 [500㎖], 액상 치킨스톡 [20g])
- 스파게티 [100g]
- 삼겹살 [100g]
- 계란 [1ea]
- 양파 [30g]
- 마늘 [1ea]
- 청경채 [1ea]
- 홍고추 [5g]
- 숙주 [50g]
- 레몬주스 [5㎖]
- 땅콩가루 [10g]
- 팟타이소스 [30g]
- 올리브오일 [15g]
- 소금 · 후추 약간씩

준비하기

1. 물 500㎖에 치킨스톡 20g을 넣고 끓인다.
2. 홍고추는 얇게 슬라이스한다.
3. 청경채는 찢어 주고 숙주는 꼬리를 뜯어 준다.
4. 마늘과 양파를 다진다.
5. 삼겹살은 한 입 크기로 썬다.

면 삶기
끓는 물 1ℓ에 굵은 소금 10g을 넣고 약 7분간 알덴테로 삶는다.

완성하기

1. 프라이팬에 올리브오일을 두르고 다진 마늘과 양파를 볶다가 삼겹살을 넣고 볶는다.
2. 어느 정도 볶아지면 치킨스톡 200㎖와 팟타이 소스 30g을 넣고 끓인다.
3. 소스가 끓기 시작하면 면을 넣고 소금과 후추 간을 하여 졸인다.
4. 마지막에 청경채와 레몬주스를 넣고 졸인 뒤 숙주와 홍고추, 땅콩가루를 데코로 올려서 마무리한다.

흔한 골뱅이 무침은 이제 그만!
골뱅이 오일 페투치네

재료

- 바질 페스토(바질 [25g], 잣 [12g], 그라나파다노 치즈 [20g], 올리브오일 [50㎖], 마늘 [1ea], 소금 [1g])
- 해물스톡(물 [1ℓ], 홍합 [100g], 꽃게 [100g], 양파 [100g], 당근 [100g], 샐러리 [50g], 월계수잎 [3ea], 통후추 [5g])
- 페투치네 [100g]
- 마늘 [2ea]
- 애호박 [20g]
- 골뱅이 [300g]
- 굴소스 [10g]
- 엑스트라버진 올리브오일 [30g]
- 와일드 루꼴라 [10g]
- 파마산 치즈 [10g]
- 소금·후추 약간씩

준비하기

1. 홍합은 소금물로 해감을 한 뒤 꽃게, 양파, 당근, 샐러리, 월계수잎, 통후추를 넣고 15분간 끓인다.
2. 잣과 치즈, 소금을 믹서기에 곱게 간 뒤 씻은 바질과 오일을 넣고 한 번 더 갈아서 바질 페스토를 만든다.
3. 마늘 1개는 다지고 남은 1개와 애호박은 슬라이스한다.
4. 와일드 루꼴라를 다진다.

면 삶기
끓는 물 1ℓ에 굵은 소금 10g을 넣고 약 9분간 알덴테로 삶는다.

완성하기

1. 프라이팬에 올리브오일을 두른 뒤, 다진 마늘과 양파를 넣고 볶다가 해물스톡 200㎖를 넣고 끓인다.
2. 끓으면 면과 애호박, 굴소스를 넣고 졸인다.
3. 80% 졸이면 골뱅이와 오일을 넣어 마무리한다.
4. 접시에 파스타를 담은 뒤, 골뱅이 위에 바질 페스토와 다진 루꼴라를 올려서 파마산 치즈 가루로 마무리한다.
4. 접시에 파스타를 담은 뒤 밥새우를 올려서 파마산 치즈 가루로 마무리한다.

톡 하고 터지는 톳의 식감

톳 오일 페투치네

재료

- 해물스톡(물 [1ℓ], 홍합 [100g], 꽃게 [100g], 양파 [100g], 당근 [100g], 샐러리 [50g], 월계수잎 [3ea], 통후추 [5g])
- 페투치네 [100g]
- 마늘 [2ea]
- 바지락 [50g]
- 톳 [70g]
- 방울토마토 [3ea]
- 엑스트라버진 올리브오일 [30g]
- 올리브오일 [15g]
- 와일드 루꼴라 [10g]
- 파마산 치즈 [10g]
- 소금·후추 약간씩

준비하기

1. 홍합은 소금물로 해감을 한 뒤 꽃게, 양파, 당근, 샐러리, 월계수잎, 통후추를 넣고 15분간 끓인다.
2. 바지락은 소금물로 해감한다.
3. 마늘은 다지고, 슬라이스한다.
4. 방울토마토는 반으로 자르고 톳은 먹기 좋은 크기로 썬다.

면 삶기
끓는 물 1ℓ에 굵은 소금 10g을 넣고 약 9분간 알덴테로 삶는다.

완성하기

1. 프라이팬에 올리브오일을 두른 뒤, 바지락과 다진 마늘과 슬라이스 마늘을 넣고 볶다가 해물스톡 200㎖와 톳을 넣고 끓인다
2. 끓으면 면을 넣고 소금과 후추로 간을 한다.
3. 80% 졸여지면 방울토마토와 엑스트라버진 올리브오일을 넣는다.
4. 접시에 파스타를 담은 뒤, 루꼴라를 올려서 파마산 치즈 가루로 마무리한다.

고수 마니아를 위한 파스타
고수 크림 페투치네

재료

- 고수 페스토(고수 [25g], 잣 [12g], 그라나파다노 치즈 [20g], 올리브오일 [50㎖], 마늘 [1ea], 소금 [1g])
- 페투치네 [100g]
- 마늘 [1ea]
- 양파 [20g]
- 베이컨 [20g]
- 칵테일 새우 [6ea]
- 크림 [200㎖]
- 우유 [200㎖]
- 고수 [100g]
- 오이 [20g]
- 올리브오일 [15g]
- 와일드 루꼴라 [10g]
- 파마산 치즈 [10g]
- 소금 · 후추 약간씩

준비하기

1 잣과 치즈, 소금을 믹서기에 곱게 간 뒤, 씻은 바질과 오일을 넣고 한 번 더 갈아서 고수 페스토를 만든다.
2 마늘과 양파는 다지고, 베이컨은 한 입 크기로 썬다.
3 오이는 얇게 슬라이스하고, 고수는 씻어서 말려 둔다.

면 삶기
끓는 물 1ℓ에 굵은 소금 10g을 넣고 약 9분간 알덴테로 삶는다.

완성하기

1 프라이팬에 올리브오일을 두른 다음, 다진 마늘과 양파를 넣고 볶다가 베이컨과 새우를 넣고 볶다가 크림과 우유를 넣는다.
2 끓으면 면과 고수 페스토와 소금, 후추를 넣고 간을 한다.
3 접시에 파스타를 담은 뒤, 고수와 오이를 올려서 파마산 치즈 가루로 마무리한다.

부드러운 크림과 진한 트러플의 풍미
화이트 라구 페투치네

재료

- 페투치네 [100g]
- 양파 [100g]
- 당근 [100g]
- 샐러리 [100g]
- 우민찌 [100g]
- 돈민찌 [100g]
- 마조람 [10g]
- 꼬냑 [15g]
- 크림 [200㎖]
- 우유 [200㎖]
- 월계수잎
- 올리브오일 [20g]
- 와일드 루꼴라 [10g]
- 파마산 치즈 [10g]
- 트러플 오일 [15g]
- 소금 · 후추 약간씩

준비하기

1. 양파와 당근, 샐러리는 껍질을 벗긴 후 다진다.
2. 마조람을 다진다.
3. 팬에 오일를 넣고 다진 양파와 당근, 샐러리를 넣고 5분 정도 볶는다.
4. 볶은 야채에 우민와 돈민찌, 다진 마조람, 꼬냑과 소금, 후추를 넣어 졸이고 크림과 우유, 월계수잎을 넣고 반 정도 줄 때까지 졸여 준다.

면 삶기
끓는 물 1ℓ에 굵은 소금 10g을 넣고 약 9분간 알덴테로 삶는다.

완성하기

1. 프라이팬에 화이트 라구 소스를 넣는다.
2. 끓으면 면과 소금, 후추를 넣고 간을 하여서 졸이다가 마지막에 트러플 오일을 넣는다.
3. 접시에 파스타를 담은 뒤 와일드 루꼴라를 올려서 파마산 치즈 가루로 마무리한다.

이제 굽지 마세요!
고등어 오일 페투치네

재료

- 해물스톡(물 [1ℓ], 홍합 [100g], 꽃게 [100g], 양파 [100g], 당근 [100g], 샐러리 [50g], 월계수잎 [3ea], 통후추 [5g])
- 페투치네 [100g]
- 마늘 [2ea]
- 미나리 [50g]
- 고등어 [100g]
- 식초 [10㎖]
- 페페론치노 [2g]
- 엑스트라버진 올리브오일 [30g]
- 올리브오일 [15g]
- 와일드 루꼴라 [10g]
- 파마산 치즈 [10g]
- 소금 · 후추 약간씩

준비하기

1. 홍합은 소금물로 해감을 한 뒤 꽃게, 양파, 당근, 샐러리, 월계수잎, 통후추를 넣고 15분간 끓인다.
2. 마늘은 다지고, 슬라이스한다.
3. 미나리는 다지고, 고등어는 손질하여 식초물에 담근다.

면 삶기
끓는 물 1ℓ에 굵은 소금 10g을 넣고 약 9분간 알덴테로 삶는다.

완성하기

1. 프라이팬에 올리브오일을 두른 뒤, 다진 마늘과 슬라이스 마늘, 다진 미나리, 페페론치노를 넣고 볶다가 해물스톡 200㎖를 넣는다.
2. 끓으면 면을 넣고 간을 한 뒤 고등어를 넣는다.
3. 80% 졸여지면 오일을 넣는다.
4. 접시에 파스타를 담은 뒤 루꼴라와 다진 미나리를 올려서 파마산 치즈 가루로 마무리한다.

촉촉한 생선살의 향연
임연수 리가토니

재료

- 치킨스톡(물 [500㎖], 액상 치킨스톡 [20g])
- 리가토니 [100g]
- 버터 [100g]
- 임연수 [½ea]
- 아몬드 슬라이스 [5g]
- 피칸 [10g]
- 땅콩 [10g]
- 호두 [10g]
- 루꼴라 [10g]
- 파마산 치즈 [10g]
- 피스타치오 [10g]
- 어니언칩 [10g]
- 올리브오일 [15g]
- 소금 · 후추 약간씩

준비하기

1. 치킨스톡을 물과 액상을 넣어 끓인다.
2. 피칸과 땅콩, 호두를 180도 오븐에 1분간 구워 준다.
3. 믹서기에 피칸, 땅콩, 호두를 간다.

면 삶기
끓는 물 1ℓ에 굵은 소금 10g을 넣고 약 10분간 알덴테로 삶는다.

완성하기

1. 임연수에 소금 간을 하여 오일을 넣고 굽다가 마지막에 버터로 굽는다.
2. 프라이팬에 버터 80g을 넣고 치킨스톡 200㎖를 넣고 끓인다.
3. 끓는 버터 소스에 리가토니를 넣고 소금, 후추 간을 하여 졸이고 마지막에 갈아 둔 견과류와 함께 살짝 볶아 준다.
4. 마지막에 임연수와 루꼴라를 올리고 어니언칩과 파마산 치즈를 갈아서 마무리한다.

땅콩 향이 고소한 중국식 파스타
스파이시 궁보계정식 스파게티

재료

- 궁보계정소스(간장 [10g], 설탕 [10g], 굴소스 [10g], 물 [10g], 다진 마늘 [10g])
- 치킨스톡(물 [500㎖], 액상 치킨스톡 [20g])
- 스파게티 [100g] • 마늘 [3ea] • 닭정육 [100g] • 대파 [30g] • 생강 [30g]
- 정종 [20g] • 양배추 [20g] • 홍고추 [5g] • 청고추 [5g] • 고추기름 [15㎖]
- 굴소스 [10g] • 땅콩가루 [10g] • 와일드 루꼴라 [10g] • 파마산 치즈 [10g]
- 소금 · 후추 약간씩

준비하기

1. 물 500㎖와 액상스톡 20g을 끓여서 치킨스톡을 만든다.
2. 마늘과 생각은 슬라이스하고 대파와 양배추, 홍고추, 청고추는 먹기 좋은 크기로 썬다.
3. 닭정육은 한 입 크기로 썰고 정종과 생강편과 소금, 후추로 마리네이드한다.
4. 물, 간장, 굴소스, 설탕, 다진 마늘을 섞어 궁보계정 소스를 만든다.
5. 와일드 루꼴라를 다진다.

면 삶기
끓는 물 1ℓ에 굵은 소금 10g을 넣고 약 7분간 알덴테로 삶는다.

완성하기

1. 프라이팬에 고추기름을 두른 뒤, 다진 마늘과 마늘 슬라이스, 닭정육, 대파, 양배추를 넣고 볶다가 치킨스톡 200㎖를 넣는다.
2. 끓으면 면과 궁보계정 소스를 넣고 졸인다.
3. 80% 졸이면 홍고추와 청고추를 넣어 마무리한다.
4. 접시에 파스타를 담은 뒤 땅콩가루와 다진 루꼴라를 올려서 파마산 치즈 가루로 마무리한다.

고소하고 짭조름한 오일 파스타

훈제연어 푸타네스카 스파게티

재료

- 해물스톡(물 [1ℓ], 홍합 [100g], 꽃게 [100g], 양파 [100g], 당근 [100g], 샐러리 [50g], 월계수잎 [3ea], 통후추 [5g])
- 스파게티 [100g] • 마늘 [2ea] • 훈제연어 [50g] • 청경채 [1ea] • 올리브 [10g]
- 방울토마토 [2ea] • 굴소스 [10g] • 바질가루 [5g] • 엑스트라버진 올리브오일 [30g]
- 올리브오일 [15g] • 와일드 루꼴라 [10g] • 파마산 치즈 [10g] • 케이퍼 [3g]
- 소금, 후추 약간씩

준비하기

1. 홍합을 소금물로 해감한 뒤 꽃게, 양파, 당근, 샐러리, 월계수잎, 통후추를 넣고 15분간 끓인다.
2. 방울토마토는 반으로 자르고, 청경채는 한 잎씩 뜯고, 훈제연어는 먹기 좋은 크기로 썬다.
3. 마늘 1개는 다지고 남은 1개는 슬라이스한다.
4. 와일드 루꼴라를 다진다.

면 삶기
끓는 물 1ℓ에 굵은 소금 10g을 넣고 약 7분간 알덴테로 삶는다.

완성하기

1. 프라이팬에 올리브오일을 두른 뒤, 다진 마늘과 마늘 슬라이스를 넣고 볶다가 해물스톡 200㎖를 넣고 끓인다.
2. 끓으면 면과 굴소스를 넣고 졸인다.
3. 80% 졸이면 청경채와 훈제연어, 케이퍼를 넣고 엑스트라버진 올리브오일을 적셔서 마무리한다.
4. 접시에 파스타를 담은 뒤, 다진 루꼴라를 올려서 파마산 치즈 가루로 마무리한다.

기분 좋은 달콤함
아마트리치아나 페투치네

재료

- 토마토 소스용(토마토홀 [250g], 바질 가루 [10g], 토마토 페이스트 [20g], 다진 마늘 [10g], 다진 양파 [10g], 설탕 [15g], 소금 [5g])
- 치킨스톡(물 [500㎖], 액상 치킨스톡 [20g])
- 페투치네 [100g] · 양파 [10g] · 마늘 [10g] · 베이컨 [10g] · 새송이 [30g]
- 느타리 [30g] · 페페론치노 [2g] · 올리브오일 [30g] · 와일드 루꼴라 [10g]
- 파마산 치즈 [10g] · 소금 · 후추 약간씩

준비하기

1. 물 500㎖에 치킨스톡 20g을 넣고 끓인다.
2. 마늘과 양파를 다진다.
3. 토마토 홀을 위생장갑을 껴서 으깨어 준다.
4. 팬에 올리브오일을 두른 뒤 다진 양파와 마늘을 볶고 노릇하게 익으면 토마토 페이스트를 넣고 볶아서 쓴맛을 날린 뒤 으깬 토마토 홀과 소금, 설탕, 바질가루를 넣고 5분간 끓인다.
5. 와일드 루꼴라를 다진다.
6. 버섯과 베이컨을 먹기 좋은 크기로 썬다.

면 삶기
끓는 물 1ℓ에 굵은 소금 10g을 넣고 약 9분간 알덴테로 삶는다.

완성하기

1. 프라이팬에 올리브오일을 두르고 다진 마늘과 양파를 넣고 볶다가 페페론치노와 베이컨과 버섯을 넣어 볶는다.
2. 어느 정도 노릇하게 볶아지면 치킨스톡 150㎖와 토마토 소스 250g를 넣고 끓인다.
3. 소스가 끓기 시작하면 면을 넣고 소금과 후추 간을 하여 졸인다.
4. 접시에 파스타를 담은 뒤 다진 루꼴라를 올려서 파마산 치즈 가루로 마무리한다.

새우와 납작면의 만남

감베리 오일 페투치네

재료

- 해물스톡(물 [1ℓ], 홍합 [100g], 꽃게 [100g], 양파 [100g], 당근 [100g], 샐러리 [50g], 월계수잎 [3ea], 통후추 [5g])
- 페투치네 [100g]
- 마늘 [2ea]
- 바지락 [50g]
- 애호박 [20g]
- 큰새우 [4ea]
- 칵테일 새우 [6ea]
- 페페론치노 [2g]
- 엑스트라버진 올리브오일 [30g]
- 올리브오일 [15g]
- 와일드 루꼴라 [10g]
- 파마산 치즈 [10g]
- 소금 · 후추 약간씩

준비하기

1. 홍합은 소금물로 해감을 한 뒤 꽃게, 양파, 당근, 샐러리, 월계수잎, 통후추를 넣고 15분간 끓인다.
2. 바지락은 소금물로 해감한다.
3. 마늘은 다지고, 슬라이스한다.
4. 애호박은 슬라이스하고, 새우는 머리와 껍질과 내장을 손질한다.

면 삶기
끓는 물 1ℓ에 굵은 소금 10g을 넣고 약 9분간 알덴테로 삶는다.

완성하기

1. 프라이팬에 올리브오일을 두른 뒤, 바지락과 다진 마늘과 마늘, 페페론치노를 넣고 볶다가 해물스톡 200㎖와 새우를 넣고 끓인다.
2. 끓으면 면과 애호박을 넣고 소금과 후추로 간을 한다.
3. 접시에 파스타를 담은 뒤, 엑스트라버진 올리브오일을 뿌리고 루꼴라를 올려서 파마산 치즈 가루로 마무리한다.

버섯 러버들에게 바칩니다
풍기 크림 페투치네

재료

- 페투치네 [100g]
- 마늘 [1ea]
- 양파 [20g]
- 베이컨 [20g]
- 새송이 [½ea]
- 느타리 [20g]
- 버터 [25g]
- 양송이 [6ea]
- 크림 [200㎖]
- 우유 [200㎖]
- 올리브오일 [15g]
- 와일드 루꼴라 [10g]
- 파마산 치즈 [10g]
- 트러플 오일 [15㎖]
- 소금 · 후추 약간씩

준비하기

1. 마늘과 양파를 다진다.
2. 베이컨과 새송이와 느타리는 한 입 크기로 썬다.
3. 양송이 1개는 슬라이스하고 나머지는 다진다.
4. 팬에 버터를 넣고 다진 양파와 양송이, 소금, 후추를 넣고 볶아서 버섯뒥셀을 만든다.

면 삶기
끓는 물 1ℓ에 굵은 소금 10g을 넣고 약 9분간 알덴테로 삶는다.

완성하기

1. 프라이팬에 올리브오일을 두른 다음, 다진 마늘과 양파를 넣고 볶다가 베이컨과 버섯을 넣고 볶다가 크림과 우유를 넣는다.
2. 끓으면 면과 버섯뒥셀과 소금, 후추를 넣고 간을 하여서 졸이고, 마지막에 트러플 오일을 넣는다.
3. 접시에 파스타를 담은 뒤 양송이 슬라이스를 올려서 파마산 치즈 가루로 마무리한다.

크림 소스와 토마토 소스의 환상 조합

폴로 로제 페투치네

재료

- 토마토 소스용(토마토홀 [250g], 바질 가루 [10g], 토마토 페이스트 [20g], 다진 마늘 [10g], 다진 양파 [10g], 설탕 [15g], 소금 [5g]) • 치킨스톡(물 [500㎖], 액상 치킨스톡 [20㎖])
- 페투치네 [100g] • 양파 [10g] • 마늘 10g • 닭정육 50g • 케이준 스파이시
- 베이컨 [20g] • 양송이 [1ea] • 크림 [100㎖] • 와일드 루꼴라 [10g]
- 화이트 와인 [5g] • 올리브오일 [30g] • 파마산 치즈 [10g] • 소금·후추 약간씩

준비하기

1. 물과 액상 치킨스톡을 넣어서 끓인다.
2. 마늘과 양파를 다지고, 베이컨은 한 입 크기로 썬다.
3. 닭정육은 한 입 크기로 썰어서 케이준 스파이시와 오일, 소금, 후추를 넣고 마리네이드한다.
4. 토마토 홀을 위생장갑을 껴서 으깨어 준다.
5. 팬에 올리브오일을 두른 뒤, 다진 양파와 마늘을 볶고 노릇하게 익으면 토마토 페이스트를 넣고 볶아서 쓴맛을 날린 뒤 으깬 토마토 홀과 소금과 설탕, 바질가루를 넣어 5분간 끓인다.
6. 와일드 루꼴라는 다지고 양송이는 슬라이스한다.

면 삶기
끓는 물 1ℓ에 굵은 소금 10g을 넣고 약 9분간 알덴테로 삶는다.

완성하기

1. 프라이팬에 올리브오일을 두른 다음, 다진 마늘과 양파를 넣고 볶다가 치킨과 베이컨을 넣고 볶는다.
2. 어느 정도 노릇하게 볶아지면 치킨스톡 50㎖와 토마토 소스 250g, 크림 100㎖를 넣고 끓인다.
3. 소스가 끓기 시작하면 면을 넣고 소금과 후추 간을 하여 졸인다.
4. 접시에 파스타를 담은 뒤 양송이 슬라이스와 다진 루꼴라를 올려서 파마산 치즈 가루로 마무리한다.

상큼한 토마토 소스에 해물 퐁당

마레 토마토 페투치네

재료

- 토마토 소스용(토마토홀 [250g], 바질 가루 [10g], 토마토 페이스트 [20g], 다진 마늘 [10g], 다진 양파 [10g], 설탕 [15g], 소금 [5g])
- 해물스톡(물 [1l], 홍합 [100g], 꽃게 [100g], 양파 [100g], 당근 [100g], 샐러리 [50g], 월계수잎 [3ea], 통후추 [5g])
- 페투치네 [100g] ・ 양파 [10g] ・ 마늘 [10g] ・ 큰새우 [2ea] ・ 작은새우 [7ea]
- 미니 갑오징어 [3ea] ・ 솔방울오징어 [2ea] ・ 와일드 루꼴라 [10g] ・ 화이트 와인 [5g]
- 올리브오일 [30g] ・ 파마산 치즈 [10g] ・ 소금・후추 약간씩

준비하기

1. 홍합은 소금물로 해감을 한 뒤 꽃게, 양파, 당근, 샐러리, 월계수잎, 통후추를 넣고 15분간 끓인다.
2. 마늘과 양파를 다진다.
3. 토마토 홀을 위생장갑을 껴서 으깨어 준다.
4. 팬에 올리브오일을 두른 뒤, 다진 양파와 마늘을 볶고 노릇하게 익으면 토마토 페이스트를 넣고 볶아서 쓴맛을 날린 뒤 으깬 토마토 홀과 소금과 설탕, 바질가루를 넣어 5분간 끓인다.
5. 와일드 루꼴라를 다진다.
6. 해산물을 깨끗이 씻는다.

면 삶기
끓는 물 1l에 굵은 소금 10g을 넣고 약 9분간 알덴테로 삶는다..

완성하기

1. 프라이팬에 올리브오일을 두른 다음, 다진 마늘과 양파를 넣고 볶다가 치킨과 베이컨을 넣고 볶는다.
2. 어느 정도 노릇하게 볶아지면 해물스톡 150㎖와 토마토 소스 250g를 넣고 끓인다.
3. 소스가 끓기 시작하면 면을 넣고 소금과 후추 간을 하여 졸인다.
4. 접시에 파스타를 담은 뒤 양송이 슬라이스와 다진 루꼴라를 올려서 파마산 치즈 가루로 마무리한다.

꾸덕한 크림 소스에 해물 퐁당
그란교 크림 페투치네

재료

- 페투치네 [100g]
- 마늘 [1ea]
- 양파 [20g]
- 베이컨 [20g]
- 꽃게 [100g]
- 칵테일 새우 [5ea]
- 슬라이스치즈 [1ea]
- 크림 [200㎖]
- 우유 [200㎖]
- 올리브오일 [15g]
- 와일드 루꼴라 [10g]
- 파마산 치즈 [10g]
- 소금 · 후추 약간씩

준비하기

1. 마늘과 양파를 다진다.
2. 베이컨을 한 입 크기로 썬다.
3. 루꼴라를 잘 다진다.
4. 꽃게와 새우를 깨끗이 씻는다.

면 삶기
끓는 물 1ℓ에 굵은 소금 10g을 넣고 약 9분간 알덴테로 삶는다.

완성하기

1. 프라이팬에 올리브오일을 두른 뒤, 다진 마늘과 양파를 넣고 볶다가 베이컨과 꽃게, 새우를 넣고 볶다가 화이트 와인으로 플럼베를 하고 크림과 우유를 넣는다.
2. 끓으면 면과 슬라이스 치즈와 소금, 후추를 넣고 간을 하여서 졸인다.
3. 접시에 파스타를 담은 뒤, 다진 루꼴라를 뿌리고 파마산 치즈 가루로 마무리한다.

감태의 상상도 못한 변신

감태 크림 페투치네

재료

- 페투치네 [100g]
- 마늘 [1ea]
- 양파 [20g]
- 베이컨 [20g]
- 새송이 [½ea]
- 느타리 [20g]
- 감태 [10g]
- 크림 [200㎖]
- 우유 [200㎖]
- 엑스트라버진 올리브오일 [20g]
- 와일드 루꼴라 [10g]
- 파마산 치즈 [10g, 15㎖]
- 소금 · 후추 약간씩

준비하기

1. 마늘과 양파를 다진다.
2. 베이컨과 새송이와 느타리는 한 입 크기로 썬다.
3. 감태는 찢어 둔다.

면 삶기
끓는 물 1ℓ에 굵은 소금 10g을 넣고 약 9분간 알덴테로 삶는다.

완성하기

1. 프라이팬에 올리브오일을 두른 뒤, 다진 마늘과 양파를 넣고 볶다가 베이컨과 버섯을 넣고 볶다가 크림과 우유를 넣는다.
2. 끓으면 면과 감태와 소금, 후추를 넣고 간을 하여서 졸인다.
3. 접시에 파스타를 담은 뒤, 다진 루꼴라 올리고 엑스트라버진 올리브오일과 파마산 치즈 가루로 마무리한다.

고소함과 향긋함이 두 배

바질 페스토 루꼴라 페투치네

재료

- 해물스톡(물 [1ℓ], 홍합 [100g], 꽃게 [100g], 양파 [100g], 당근 [100g], 샐러리 [50g], 월계수잎 [3ea], 통후추 [5g])
- 바질 페스토(바질 [25g], 잣 [12g], 그라나파다노 치즈 [20g], 엑스트라버진 올리브오일 [50㎖], 마늘 [1ea], 소금 [1g])
- 페투치네 [100g]
- 마늘 [2ea]
- 큰새우 [5ea]
- 올리브오일 [15g]
- 와일드 루꼴라 [10g]
- 파마산 치즈 [10g]
- 방울토마토 [3ea]
- 올리브 슬라이스 [10g]
- 소금, 후추 약간씩

준비하기

1. 홍합은 소금물로 해감을 한 뒤 꽃게, 양파, 당근, 샐러리, 월계수잎, 통후추를 넣고 15분간 끓인다.
2. 마늘은 다지고, 슬라이스한다.
3. 잣과 치즈, 소금을 믹서기에 곱게 간 뒤, 씻은 바질과 오일을 넣고 한 번 더 갈아서 바질 페스토를 만든다.
4. 새우는 머리와 껍질과 내장을 손질한다.

면 삶기
끓는 물 1ℓ에 굵은 소금 10g을 넣고 약 9분간 알덴테로 삶는다.

완성하기

1. 프라이팬에 올리브오일을 두른 뒤, 다진 마늘과 마늘, 새우를 넣고 볶다가 해물스톡 200㎖를 넣고 끓인다.
2. 끓으면 면을 넣고 소금과 후추로 간을 하여 주고 스톡이 조금 남을 때 바질 페스토 25g을 넣는다.
3. 접시에 파스타를 담은 뒤, 루꼴라를 올리고 방울토마토와 올리브 슬라이스를 얹고 파마산 치즈 가루로 마무리한다.

홍합탕보다 더 담백하고 시원한
홍합 알리오올리오 페투치네

재료

- 마늘 퓨레(마늘 [10ea], 엑스트라버진 올리브오일 [30㎖], 소금)
- 해물스톡(물 [1ℓ], 홍합 [100g], 꽃게 [100g], 양파 [100g], 당근 [100g], 샐러리 [50g], 월계수잎 [3ea], 통후추 [5g])
- 페투치네 [100g]
- 마늘 [6ea]
- 홍합 [200g]
- 페페론치노 [2g]
- 화이트 와인 [20㎖]
- 올리브오일 [15g]
- 와일드 루꼴라 [10g]
- 파마산 치즈 [10g]
- 소금 · 후추 약간씩

준비하기

1. 홍합은 소금물로 해감을 한 뒤 꽃게, 양파, 당근, 샐러리, 월계수잎, 통후추를 넣고 15분간 끓인다.
2. 마늘을 10분 정도 데쳐서 엑스트라버진 올리브오일과 소금을 믹서로 갈아서 마늘 퓨레를 만든다.
3. 마늘은 다지고, 슬라이스한다.
4. 루꼴라를 다진다.

면 삶기

끓는 물 1ℓ에 굵은 소금 10g을 넣고 약 9분간 알덴테로 삶는다.

완성하기

1. 프라이팬에 올리브오일을 두른 뒤, 슬라이스 마늘을 살짝 익히고 홍합과 다진 마늘과 페페론치노를 넣고 볶다가 화이트 와인으로 플럼베한다.
2. 플럼베 후 해물스톡 200㎖를 넣고 끓인다.
3. 끓으면 면을 넣고 마늘 퓨레와 소금, 후추 간을 하여 졸이고 오일을 더 넣어 파스타면에 입혀준다.
4. 접시에 파스타를 담은 뒤, 다진 루꼴라를 올려서 파마산 치즈 가루로 마무리한다.

남은 곱창의 슬기로운 활용법
곱창 스파게티

재료

- 치킨스톡(물 [500㎖], 액상 치킨스톡 [20g])
- 양념소스(고추장 [15g], 고춧가루 [15g], 간장 [5g], 다진 마늘 [10g], 올리고당 [10g], 참치액기스 [5g])
- 곱창 [100g](조미된 곱창 사용 가능)
- 스파게티 [100g]
- 마늘 [2ea]
- 양파 [10g]
- 정종 [30g]
- 월계수잎 [3ea]
- 당근 [20g]
- 청경채 [1ea]
- 굴소스 [10g]
- 고추기름 [15g]
- 와일드 루꼴라 [10g]
- 파프리카 가루 [1g]
- 파마산 치즈 [10g]
- 후추 약간

준비하기

1. 물 500㎖에 액상 치킨스톡 20g을 넣어 치킨스톡을 만든다.
2. 곱창은 잡내를 잡기 위해 정종과 월계수잎을 넣고 삶는다(조미된 곱창 사용 가능).
3. 마늘과 양파는 다지고 당근은 슬라이스하고 청경채는 뜯어 둔다.
4. 재료에 있는 양념장 소스를 만든다.
5. 루꼴라를 다진다.

면 삶기

끓는 물 1ℓ에 굵은 소금 10g을 넣고 약 7분간 알덴테로 삶는다.

완성하기

1. 프라이팬에 고추기름을 두른 뒤, 다진 마늘, 양파, 당근, 곱창을 넣고 볶는다.
2. 치킨스톡 200㎖를 넣고 끓인다.
3. 끓으면 면을 넣고 양념소스 15g과 굴소스를 넣어 간을 하고, 청경채를 마지막에 넣어 졸인다.
4. 접시에 파스타를 담은 뒤, 다진 루꼴라를 올려서 파마산 치즈 가루로 마무리한다.

매콤한 파스타가 땡기는 날엔
불주꾸미 스파게티

재료

- 치킨스톡(물 [500㎖], 액상 치킨스톡 [20g], 양념장 소스(고추장 [15g], 고춧가루 [15g], 간장 [5g], 다진 마늘 [10g], 올리고당 [10g], 참치액기스 [5g])
- 스파게티 [100g]
- 마늘 [2ea]
- 양파 [10g]
- 주꾸미 [100g](조미된 주꾸미 사용 가능)
- 정종 30g, 당근 [20g]
- 청경채 [1ea]
- 굴소스 [10g]
- 고추기름 [15g]
- 와일드 루꼴라 [10g]
- 파프리카 가루 [1g]
- 파마산 치즈 [10g]
- 후추 약간

준비하기

1. 물 500㎖에 액상 치킨스톡 20g을 넣어 치킨스톡을 만든다.
2. 주꾸미는 잡내를 잡기 위해 정종을 넣고 마리네이드한다(조미된 주꾸미 사용 가능).
3. 마늘과 양파는 다지고 당근은 슬라이스하고 청경채는 뜯어 둔다.
4. 재료에 있는 양념장 소스를 만든다.
5. 루꼴라를 다진다.

면 삶기
끓는 물 1ℓ에 굵은 소금 10g을 넣고 약 7분간 알덴테로 삶는다.

완성하기

1. 프라이팬에 고추기름을 두른 다음, 다진 마늘, 양파, 당근, 주꾸미를 넣고 볶는다.
2. 치킨스톡 200㎖를 넣고 끓인다.
3. 끓으면 면을 넣고 양념소스 15g과 굴소스를 넣어 간을 하고 청경채를 마지막에 넣어 졸인다.
4. 접시에 파스타를 담은 뒤, 다진 루꼴라를 올려서 파마산 치즈 가루로 마무리한다.

부드러움과 쫀득함의 끝판왕
동파육 스파게티

재료

- 동파육 소스(물 [200㎖], 간장 [80㎖], 굴소스 [15g], 흑설탕 [5g], 물엿 [20g], 맛술 [20g], 대파 [100g], 생강 [30g], 팔각 [2ea])
- 치킨스톡(물 [500㎖], 액상 치킨스톡 [20g])
- 스파게티 [100g]
- 마늘 [6ea]
- 바질가루 [5g]
- 삼겹살 [200g]
- 화이트 와인 [20㎖]
- 엑스트라버진 올리브오일 [30g]
- 와일드 루꼴라 [10g]
- 파프리카 가루 [1g]
- 파마산 치즈 [10g]
- 소금 · 후추 약간씩

준비하기

1. 물 500㎖에 액상 치킨스톡 20g을 넣어 치킨스톡을 만든다.
2. 마늘은 다지고, 슬라이스한다.
3. 생강과 파는 크게 썰고 재료에 있는 동파육 소스를 만든다.
4. 팬에 삼겹살을 양면 다 익힌 뒤, 동파육 소스를 넣고 뚜껑을 덮어 약불로 30~40분 졸인다.
5. 루꼴라를 다진다.

면 삶기
끓는 물 1ℓ에 굵은 소금 10g을 넣고 약 7분간 알덴테로 삶는다.

완성하기

1. 프라이팬에 올리브오일을 두른 뒤, 슬라이스 마늘과 다진 마늘을 넣고 살짝 익힌다.
2. 치킨스톡 200㎖를 넣고 끓인다.
3. 끓으면 면과 바질 가루를 넣고 간을 한다.
4. 접시에 파스타를 담은 뒤, 졸인 동파육에 다진 루꼴라를 올려서 파프리카 가루와 파마산 치즈 가루로 마무리한다.

나가사키 짬뽕의 세련된 변신
나가사키 스파게티

재료

- 해물스톡(물 [1ℓ], 홍합 [100g], 꽃게 [100g], 양파 [100g], 당근 [100g], 샐러리 [50g], 월계수잎 [3ea], 통후추 [5g])
- 페투치네 [100g] · 양파 [10g] · 마늘 [10g] · 큰새우 [2ea] · 작은새우 [7ea]
- 미니 갑오징어 [3ea] · 솔방울오징어 [2ea] · 꽃게 [50g] · 양상추 [20g]
- 숙주 [20g] · 청경채 [1ea] · 당근 [10g] · 와일드 루꼴라 [10g]
- 화이트 와인 [5g] · 올리브오일 [15g] · 나가사키 액상 [10g] · 파마산 치즈 [10g]
- 소금 약간

준비하기

1. 홍합은 소금물로 해감을 한 뒤 꽃게, 양파, 당근, 샐러리, 월계수잎, 통후추를 넣고 15분간 끓인다.
2. 마늘과 양파를 다진다.
3. 양상추와 청경채, 당근은 먹기 좋은 크기로 썬다.
4. 와일드 루꼴라를 다진다.
5. 해산물을 깨끗이 씻어 둔다.

면 삶기
끓는 물 1ℓ에 굵은 소금 10g을 넣고 약 7분간 알덴테로 삶는다.

완성하기

1. 프라이팬에 올리브오일을 두른 뒤, 다진 마늘과 양파를 넣고 볶다가 해산물을 다 넣고 불을 세게 하여 화이트 와인을 넣어서 플럼베를 한다.
2. 어느 정도 노릇하게 볶아지면 해물스톡 200㎖와 나가사키 액상을 넣고 끓인다.
3. 소스가 끓기 시작하면 면과 양배추, 당근, 청경채, 숙주를 넣고 소금 간을 하여 졸인다.
4. 접시에 파스타를 담은 뒤, 다진 루꼴라를 올려서 파마산 치즈 가루로 마무리한다.

오독오독 피스타치오가 별미인
잠봉 크림 페투치네

재료

- 페투치네 [100g]
- 계란 [1ea]
- 마늘 [1ea]
- 양파 [20g]
- 베이컨 [20g]
- 새송이 [½ea]
- 느타리 [20g]
- 잠봉 [30g]
- 피스타치오 [5g]
- 크림 [200㎖]
- 우유 [200㎖]
- 올리브오일 [15g]
- 와일드 루꼴라 [10g]
- 파마산 치즈 [10g]
- 트러플 오일 [15㎖]
- 소금 · 후추 약간씩

준비하기

1. 마늘과 양파는 다진다.
2. 베이컨과 새송이와 느타리는 한 입 크기로 썬다.
3. 피스타치오는 오븐에 180도 오븐에 1분간 구워 쓴맛을 날리고 다져 둔다.
4. 루꼴라를 다진다.

면 삶기
끓는 물 1ℓ에 굵은 소금 10g을 넣고 약 9분간 알덴테로 삶는다.

완성하기

1. 프라이팬에 올리브오일을 두른 뒤, 다진 마늘과 양파를 넣고 볶다가 베이컨과 버섯을 넣고 볶다가 크림과 우유를 넣는다.
2. 끓으면 면과 계란 노른자와 소금, 후추를 넣고 간을 하여서 졸인다.
3. 접시에 파스타를 담은 뒤 잠봉과 피스타치오, 다진 루꼴라를 올려서 파마산 치즈 가루로 마무리한다.

입안 가득 황홀한 딱새우 내음
딱새우 비스큐 페투치네

재료

- 해물스톡(물 [1ℓ], 홍합 [100g], 꽃게 [100g], 양파 [100g], 당근 [100g], 샐러리 [50g], 월계수잎 [3ea], 통후추 [5g])
- 페투치네 [100g]
- 양파 [200g]
- 당근 [100g]
- 샐러리 [100g]
- 딱새우 [300g]
- 토마토 페이스트 [20g]
- 월계수잎
- 올리브오일 [30g]
- 버터 [20g]
- 파마산 치즈 [10g]
- 소금, 후추 약간씩

준비하기

1. 홍합은 소금물로 해감을 한 뒤 꽃게, 양파, 당근, 샐러리, 월계수잎, 통후추를 넣고 15분간 끓인다.
2. 마늘과 양파, 당근은 미르포아(큐브) 형태로 썬다.
3. 팬에 올리브오일을 두르고 미르포아한 야채들을 노릇하게 볶다가 딱새우를 넣고 잘 볶은 뒤, 토마토 페이스트를 넣고 볶아서 쓴맛을 날려서 볶은 다음, 해물스톡과 월계수잎을 넣고 20분간 끓인다.
4. 끓인 딱새우 스톡을 믹서기에 곱게 갈아서 체에 걸러서 비스큐 소스를 완성한다.

면 삶기
끓는 물 1ℓ에 굵은 소금 10g을 넣고 약 9분간 알덴테로 삶는다.

완성하기

1. 팬에 오일을 두르고 다진 마늘과 새송이 버섯을 볶다가 비스큐 소스를 넣고 끓인다.
2. 소스가 끓기 시작하면 면을 넣고 소금과 후추 간을 하여 졸인다.
3. 졸인 파스타에 버터를 마지막에 넣어 풍미를 올린다.
4. 접시에 파스타를 담은 뒤, 루꼴라를 올려서 파마산 치즈 가루로 마무리한다.

불고기를 더 맛있게 먹는 법

불고기 크림 페투치네

재료

- 불고기 소스(파 [10g], 마늘 [10g], 간장 [15g], 설탕 [5g], 깨소금 [2g], 참기름 [5g], 후추)
- 페투치네 [100g]
- 마늘 [1ea]
- 양파 [20g]
- 베이컨 [20g]
- 새송이 [½ea]
- 느타리 [20g]
- 불고기용 소고기 [50g]
- 크림 [200㎖]
- 우유 [200㎖]
- 엑스트라버진 올리브오일 [20g]
- 와일드 루꼴라 [10g]
- 파마산 치즈 [10g, 15㎖]
- 어니언칩 [5g]
- 소금, 후추 약간씩

준비하기

1. 마늘과 양파를 다진다.
2. 베이컨과 새송이와 느타리는 한 입 크기로 썬다.
3. 불고기용 소스를 만들어서 고기를 재워 둔다.
4. 루꼴라를 다진다.

면 삶기

끓는 물 1ℓ에 굵은 소금 10g을 넣고 약 9분간 알덴테로 삶는다.

완성하기

1. 프라이팬에 올리브오일을 두른 다음, 다진 마늘과 양파를 넣고 볶다가 베이컨과 버섯을 넣고 볶다가 크림과 우유를 넣는다.
2. 끓으면 면과 소금, 후추를 넣고 간을 하여서 졸인다.
3. 불고기를 따로 볶는다.
4. 접시에 파스타를 담은 뒤, 불고기를 올리고 다진 루꼴라와 어니언칩과 파마산 치즈 가루로 마무리한다.

3

Risotto

—

리조또

버섯과 크림의 고급스러운 풍미
트러플 크림 리조또

재료

- 쌀 [120g]
- 버터 [50g]
- 양파 [1ea]
- 베이컨 [20g]
- 새송이버섯 [1ea]
- 느타리버섯 [50g]
- 양송이버섯 [9ea]
- 표고버섯 [4ea]
- 트러플 오일 [30㎖]
- 물 [500㎖]
- 액상 치킨스톡 [20g]
- 크림 [50㎖]
- 우유 [50㎖]
- 파마산 치즈 [20g]
- 소금 · 후추 약간

준비하기

1. 물 500㎖에 치킨스톡 20g을 넣고 끓인다.
2. 양파 ½과 새송이, 느타리, 양송이 ⅓, 베이컨을 먹기 좋은 크기로 자른다.
3. 양송이 ⅓은 슬라이스한다.
4. 양송이 ⅓과 양파, 표고버섯을 믹서기에 넣어서 갈고, 버터 ½에 갈아 놓은 버섯들을 살짝 볶아서 버섯뒥셀을 식힌다.
5. 쌀을 씻어 둔다.

완성하기

1. 팬에 버터를 녹인 후, 양파찹을 넣고 볶다가 투명한 색이 되면 쌀을 다 넣고 볶다가 치킨스톡을 3~4번 나누어서 넣어 주고 베이컨과 버섯을 넣는다.
2. 70% 정도 쿠킹이 되었다면 크림과 우유 그리고 파마산 치즈와 버섯뒥셀, 소금, 후추를 넣고 졸인다(리조또 쌀 식감이 살아 있어야 함).
3. 양송이 슬라이스를 위에 올려 주고 트러플 오일을 뿌린다(조리 마지막에 반쯤 투하를 하고, 나머지 반은 리조또 위에 얹어 줘도 됨).
4. 치즈 그라인더로 파마산 치즈를 리조또 위에 갈아 주고 마무리한다.

식탁 위의 초록 향연

감태 크림 리조또

재료

- 쌀 [120g]
- 버터 [50g]
- 건조 감태 [30g]
- 와일드 루꼴라 [10g]
- 양파 [½ea]
- 베이컨 [20g]
- 새송이버섯 [1ea]
- 느타리버섯 [50g]
- 물 [500㎖]
- 액상 치킨스톡 [20g]
- 크림 [50㎖]
- 우유 [50㎖]
- 파마산 치즈 [20g]
- 소금 · 후추 약간

준비하기

1. 물 500㎖에 치킨스톡 20g을 넣고 끓인다.
2. 양파는 찹하여 주고, 새송이, 느타리, 베이컨은 먹기 좋은 크기로 자른다.
3. 와일드 루꼴라를 다진다.
4. 쌀을 씻어 둔다.

완성하기

1. 팬에 버터를 녹인 후, 양파찹을 넣고 볶다가 투명한 색이 되면 쌀을 다 넣고 볶다가 치킨스톡을 3~4번 나누어서 넣어 주고 베이컨과 버섯을 넣는다.
2. 70% 정도 쿠킹이 되었다면 크림과 우유 그리고 파마산 치즈와 감태를 찢어 넣고, 소금과 후추로 간을 하여 졸인다(리조또 쌀 식감이 살아 있어야 함).
3. 다진 루꼴라를 리조또 위에 올린다.
4. 치즈 그라인더로 파마산 치즈를 리조또 위에 갈아 주고 마무리한다.

해산물에 더하는 토마토와 바질의 향
마레 토마토 리조또

재료

- 토마토 소스(양파 [½], 마늘 [2ea], 토마토 페이스트 [20g], 토마토홀 [200g], 바질가루 [5g], 설탕 [5g], 소금 [3g])
- 해물스톡(물 [1ℓ], 홍합 [100g], 꽃게 [100g], 양파 [100g], 당근 [100g], 샐러리 [50g], 월계수잎 [3ea], 통후추 [5g])
- 쌀 [120g]
- 버터 [50g]
- 믹스 해산물 [100g]
- 홍합 [100g]
- 와일드 루꼴라 [10g]
- 마늘 [1ea]
- 화이트 와인 [20㎖]
- 물 [500㎖]
- 엑스트라버진 올리브오일 [10㎖]
- 파마산 치즈 [20g]
- 소금 · 후추 약간

준비하기

1. 홍합은 소금물로 해감을 한 뒤 꽃게, 양파, 당근, 샐러리, 월계수잎, 통후추를 넣고 15분간 끓인다.
2. 양파와 마늘은 찹하여 주고, 루꼴라는 다진다.
3. 팬에 오일을 두른 다음, 다진 양파와 마늘을 볶다가 토마토 페이스트를 넣고 한 번 더 볶은 뒤 으깬 토마토홀과 소금, 설탕, 바질 가루를 넣고 졸여서 토마토 소스를 만든다.
4. 쌀을 씻어 둔다.

완성하기

1. 프라이팬에 오일을 두르고 해산물과 홍합을 볶다가 다진 마늘을 넣고 화이트 와인을 뿌려서 플럼베를 한다(토마토 풍미를 더 원한다면 토마토 페이스트를 처음에 볶을 때 넣어도 좋음).
2. 다른 팬에 버터를 녹인 뒤, 양파찹을 넣고 볶다가 투명한 색이 되면 쌀을 다 넣고 볶다가 해물 스톡을 3~4번 나누어서 졸이고 해산물을 넣는다.
3. 70% 정도 쿠킹이 되었다면 토마토 소스와 파마산 치즈, 소금, 후추를 넣고 졸인다(리조또 쌀 식감이 살아 있어야 함).
4. 다진 루꼴라를 리조또 위에 올리고 엑스트라버진 올리브오일을 뿌린다.
5. 치즈 그라인더로 파마산 치즈를 리조또 위에 갈아 주고 마무리한다.

녹진한 크림 소스에 해산물 가득
마레 크림 리조또

재료

- 쌀 [120g]
- 버터 [50g]
- 믹스 해산물 [100g]
- 홍합 [100g]
- 와일드 루꼴라 [10g]
- 마늘 [1ea]
- 화이트 와인 [20㎖]
- 슬라이스 치즈 [1ea]
- 물 [500㎖]
- 액상 치킨스톡 [20g]
- 크림 [50㎖]
- 우유 [50㎖]
- 파마산 치즈 [20g]
- 올리브오일 [15g]
- 소금 · 후추 약간

준비하기

1. 물 500㎖에 치킨스톡 20g을 넣고 끓인다.
2. 양파와 마늘은 찹하여 주고, 루꼴라는 다진다.
3. 쌀을 씻어 둔다.

완성하기

1. 프라이팬에 오일을 두르고 해산물과 홍합을 볶다가 다진 마늘을 넣고 화이트 와인을 뿌려서 플럼베를 한다.
2. 다른 팬에 버터를 녹인 후, 양파찹을 넣고 볶다가 투명한 색이 되면 쌀을 다 넣고 볶다가 치킨 스톡을 3~4번 나누어서 졸이고 해산물을 넣는다.
3. 70% 정도 쿠킹이 되었다면 크림과 우유 그리고 파마산 치즈와 슬라이스 치즈, 소금, 후추를 넣고 졸인다(리조또 쌀 식감이 살아 있어야 함).
4. 다진 루꼴라를 리조또 위에 올리고 엑스트라버진 올리브오일을 뿌린다.
5. 치즈 그라인더로 파마산 치즈를 리조또 위에 갈아 주고 마무리한다.

극한의 고소함과 감칠맛을 머금은

먹물 크림 리조또

재료

- 쌀 [120g]
- 버터 [50g]
- 스위트칠리 소스 [20g]
- 큰새우 [4ea]
- 어니언칩 [10g]
- 먹물소스 [5g]
- 와일드 루꼴라 [10g]
- 양파 [½ea]
- 베이컨 [20g]
- 새송이버섯 [1ea]
- 느타리버섯 [50g]
- 물 [500㎖]
- 액상 치킨스톡 [20g]
- 크림 [50㎖]
- 우유 [50㎖]
- 파마산 치즈 [20g]
- 올리브오일 [5㎖]
- 소금 · 후추 약간

준비하기

1. 물 500㎖에 치킨스톡 20g을 넣고 끓인다.
2. 양파는 찹하여 주고, 새송이, 느타리, 베이컨은 먹기 좋은 크기로 자른다.
3. 와일드 루꼴라를 다진다.
4. 쌀을 씻어 둔다.

완성하기

1. 팬에 버터를 녹인 후, 양파찹을 넣고 볶다가 투명한 색이 되면 쌀을 다 넣고 볶다가 치킨스톡을 3~4번 나누어서 넣고 베이컨과 버섯을 넣는다.
2. 70% 정도 쿠킹이 되었다면 크림과 우유 그리고 파마산 치즈와 먹물, 소금, 후추를 넣고 졸인다 (리조또 쌀 식감이 살아 있어야 함).
3. 프라이팬에 오일을 두르고 새우를 볶은 뒤 칠리 소스를 넣고 한 번 더 볶는다.
4. 리조또 위에 칠리새우와 어니언칩, 다진 루꼴라를 올린다.
5. 치즈 그라인더로 파마산 치즈를 리조또 위에 갈아 주고 마무리한다.

이탈리아 리조또에서 느끼는 인도의 맛
치킨 커리 리조또

재료

- 커리소스(카레가루 [20g], 강황가루 [20g], 파프리카시즈닝 [10g], 물 [30g])
- 쌀 [120g]
- 버터 [50g]
- 닭정육 [30g]
- 케이준 스파이시 [10g]
- 설탕 [5g]
- 양파 [½ea]
- 새송이버섯 [1ea]
- 느타리버섯 [50g]
- 양송이버섯 [2ea]
- 물 [500㎖]
- 액상 치킨스톡 [20g]
- 크림 [50㎖]
- 우유 [50㎖]
- 파마산 치즈 [20g]
- 소금·후추 약간

준비하기

1. 물 500㎖에 치킨스톡 20g을 넣고 끓인다.
2. 양파는 찹하여 주고, 새송이, 느타리, 닭정육은 먹기 좋은 크기로 자른다.
3. 카레가루, 강황가루, 파프리카시즈닝, 물을 넣고 커리 소스를 만든다.
4. 손질한 닭정육은 케이준 스파이시와 후추, 설탕을 넣고 마리네이드한다.
5. 쌀을 씻어 둔다.
6. 양송이는 슬라이스한다.

완성하기

1. 팬에 버터를 녹인 후, 양파찹을 넣고 볶다가 투명한 색이 되면 쌀을 다 넣고 볶다가 치킨스톡을 3~4번 나누어서 넣고 닭정육과 버섯을 넣는다.
2. 70% 정도 쿠킹이 되었다면 크림과 우유 그리고 파마산 치즈와 커리소스 1스푼, 소금, 후추를 넣고 졸인다(리조또 쌀 식감이 살아 있어야 함).
3. 슬라이스한 양송이를 리조또 위에 올린다.
4. 치즈 그라인더로 파마산 치즈를 리조또 위에 갈아 주고 마무리한다.

부추의 세련된 변신
부추 크림 리조또

재료

- 쌀 [120g]
- 버터 [50g]
- 부추 [50g]
- 양파 [½ea]
- 베이컨 [20g]
- 새송이버섯 [1ea]
- 느타리버섯 [50g]
- 물 [500㎖]
- 액상 치킨스톡 [20g]
- 크림 [50㎖]
- 우유 [50㎖]
- 파마산 치즈 [20g]
- 엑스트라버진 올리브오일 [10㎖]
- 소금 · 후추 약간

준비하기

1. 물 500㎖에 치킨스톡 20g을 넣고 끓인다.
2. 양파는 찹하여 주고, 새송이, 느타리, 베이컨은 먹기 좋은 크기로 자른다.
3. 부추를 다진다.
4. 쌀을 씻어 둔다.

완성하기

1. 팬에 버터를 녹인 후, 양파찹을 넣고 볶다가 투명한 색이 되면 쌀을 다 넣고 볶다가 치킨스톡을 3~4번 나누어서 넣고 베이컨과 버섯을 넣는다.
2. 70% 정도 쿠킹이 되었다면 크림과 우유 그리고 파마산 치즈와 부추 ½, 소금, 후추를 넣고 졸인다(리조또 쌀 식감이 살아 있어야 함).
3. 남은 다진 부추를 리조또 위에 올리고, 엑스트라버진 올리브오일을 뿌린다.
4. 치즈 그라인더로 파마산 치즈를 리조또 위에 갈아 주고 마무리한다.

삼겹살을 가장 맛있게 먹는 법
삼겹살 토마토 리조또

재료

- 토마토 소스(양파 [½], 마늘 [2ea], 토마토 페이스트 [20g], 토마토홀 [200g], 바질가루 [5g], 설탕 [5g], 소금 [3g])
- 쌀 [120g] · 버터 [50g] · 삼겹살 [100g] · 레드와인 [10g] · 로즈마리 [5g]
- 베이컨 [20g] · 양송이 [5ea] · 와일드 루꼴라 [10g] · 마늘 [1ea] · 물 [500㎖]
- 액상 치킨스톡 [20g] · 엑스트라버진 올리브오일 [20㎖] · 파마산 치즈 [20g]
- 소금 · 후추 약간

준비하기

1 물 500㎖에 치킨스톡 20g을 넣고 끓인다.
2 양파와 마늘, 루꼴라는 찹하여 주고 베이컨과 양송이는 먹기 좋은 크기로 자른다.
3 팬에 오일을 두르고 다진 양파와 마늘을 볶다가 토마토 페이스트를 넣고 한 번 더 볶은 뒤 으깬 토마토홀과 소금, 설탕, 바질 가루를 넣고 졸여서 토마토 소스를 만든다.
4 200도 오븐에서 삼겹살을 레드와인과 로즈마리로 마리네이드하여 쿠킹호일을 감싸서 돌려 가며 30분 정도 굽는다(팬 프라잉 시 시간 단축 가능).
5 쌀을 씻어 둔다.

완성하기

1 팬에 버터를 녹인 후, 양파찹을 넣고 볶다가 투명한 색이 되면 쌀을 다 넣고 볶다가 치킨스톡을 3~4번 나누어서 졸이고 베이컨과 버섯을 넣는다(토마토 풍미를 더 원한다면 토마토 페이스트를 처음에 볶을 때 넣어도 좋음).
2 70% 정도 쿠킹이 되었다면 토마토소스와 파마산 치즈, 소금, 후추를 넣고 졸인다(리조또 쌀 식감이 살아 있어야 함).
3 구운 삼겹살을 리조또 위에 올리고, 엑스트라버진 오일과 루꼴라를 뿌린다.
4 치즈 그라인더로 파마산 치즈를 리조또 위에 갈아 주고 마무리한다.

부드러운 크림과 상큼한 토마토의 만남
잠봉 로제 리조또

재료

- 토마토 소스(양파 [½], 마늘 [2ea], 토마토 페이스트 [20g], 토마토홀 [150g], 바질가루 [5g], 설탕 [5g], 소금 [2g])
- 쌀 [120g]
- 버터 [50g]
- 잠봉 [30g]
- 베이컨 [20g]
- 양송이 [5ea]
- 와일드 루꼴라 [10g]
- 마늘 [1ea]
- 크림 [25㎖]
- 물 [500㎖]
- 액상 치킨스톡 [20g]
- 엑스트라버진 올리브오일 [20㎖]
- 파마산 치즈 [20g]
- 소금 · 후추 약간

준비하기

1. 물 500㎖에 치킨스톡 20g을 넣고 끓인다.
2. 양파와 마늘, 루꼴라는 찹하여 주고, 베이컨과 양송이는 먹기 좋은 크기로 자른다.
3. 팬에 오일을 두르고 다진 양파와 마늘을 볶다가 토마토 페이스트를 넣고 한 번 더 볶은 뒤 으깬 토마토홀과 소금, 설탕, 바질 가루를 넣고 졸여서 토마토 소스를 만든다.
4. 쌀을 씻어 둔다.

완성하기

1. 팬에 버터를 녹인 후, 양파찹을 넣고 볶다가 투명한 색이 되면 쌀을 다 넣고 볶다가 치킨스톡을 3~4번 나누어서 졸이고 베이컨과 버섯을 넣는다(토마토 풍미를 더 원한다면 토마토 페이스트를 처음에 볶을 때 넣어도 좋음).
2. 70% 정도 쿠킹이 되었다면 토마토 소스와 크림, 파마산 치즈, 소금, 후추를 넣고 졸인다(리조또 쌀 식감이 살아 있어야 함).
3. 잠봉을 리조또 위에 올리고 엑스트라버진 올리브오일과 루꼴라를 뿌린다.
4. 치즈 그라인더로 파마산 치즈를 리조또 위에 갈아 주고 마무리한다.

4

Pizza

—

피자

화덕피자의 기본이자 완성

페퍼로니 피자

재료

- 피자 도우(강력분 [145g], 미지근한 물 [85g], 소금 [3g], 드라이 이스트 [1g], 올리브오일 [3g])
- 피자 소스(양파 [½], 마늘 [2ea], 토마토 페이스트 [20g], 토마토홀 [100g], 바질가루 [5g], 오레가노 가루 [5g], 설탕 [5g], 소금 [2g])
- 피자 치즈 [30g]
- 페퍼로니 [30ea]
- 파마산 치즈 [10g]

준비하기

1. 피자 도우 재료를 다 개량하고 미지근한 물에 소금, 이스트, 오일을 잘 풀어서 강력분과 잘 섞어 5분간 치댄다.
2. 겨울에는 2시간, 여름에는 30분~1시간 따뜻한 공간에서 밀폐용기에 비닐을 덮고 발효시킨다(부피 2배가 되면 발효 완료, 대량으로 만들 경우엔 소분하여 냉장고에 하루 두면 2차 발효가 되어 더욱 맛있게 먹을 수 있음).
3. 양파와 마늘을 다진다.
4. 팬에 오일을 두른 다음, 다진 양파와 마늘을 볶다가 토마토 페이스트를 넣고 한 번 더 볶은 뒤 으깬 토마토홀과 소금, 설탕, 바질 가루, 오레가노 가루를 넣고 졸여서 피자 소스를 만든다.
5. 오븐 온도를 300도 정도로 맞춰 둔다(가정용 최고 온도 200~250도도 가능).

완성하기

1. 피자 도우를 펼쳐서 피자 소스를 바른다.
2. 소스 위에 피자 치즈와 페퍼로니를 올리고 300도에서 3분 30초, 200~250도에서 5분 정도 굽는다(화덕으로 하는 게 아닐 경우 평평한 판에 오일을 바르고 도우를 올려서 굽고, 오븐에 따라 시간은 상이할 수 있음).
3. 꺼낸 피자를 자른 다음, 위에 치즈 그라인더로 파마산 치즈를 갈아 주고 마무리한다(토마토 소스 위에 먼저 뿌리고 해도 관계없음).

입안 가득 퍼지는 감각적인 쥬시함
마르게리타 피자

재료

- 피자 도우(강력분 [145g], 미지근한 물 [85g], 소금 [3g], 드라이 이스트 [1g], 올리브오일 [3g])
- 피자 소스(양파 [½], 마늘 [2ea], 토마토 페이스트 [20g], 토마토홀 [100g], 바질가루 [5g], 오레가노 가루 [5g], 설탕 [5g], 소금 [2g])
- 피자 치즈 [30g]
- 파마산 치즈 [10g]
- 모짜렐라치즈 [1ea]
- 엑스트라버진 올리브오일 [15㎖]

준비하기

1. 피자 도우 재료를 다 개량하고 미지근한 물에 소금, 이스트, 오일을 잘 풀어서 강력분과 잘 섞어 5분간 치댄다.
2. 겨울에는 2시간, 여름에는 30분~1시간 따뜻한 공간에서 밀폐용기에 비닐을 덮고 발효시킨다(부피 2배가 되면 발효 완료, 대량으로 만들 경우엔 소분하여 냉장고에 하루 두면 2차 발효가 되어 더욱 맛있게 먹을 수 있음).
3. 양파와 마늘을 다지고, 모짜렐라치즈를 굵게 슬라이스한다.
4. 팬에 오일을 두른 다음, 다진 양파와 마늘을 볶다가 토마토 페이스트를 넣고 한 번 더 볶은 뒤 으깬 토마토홀과 소금, 설탕, 바질 가루, 오레가노 가루를 넣고 졸여서 피자 소스를 만든다.
5. 오븐 온도를 300도 정도로 맞춰 둔다(가정용 최고 온도 200~250도도 가능).

완성하기

1. 피자 도우를 펼쳐서 피자 소스를 바른다.
2. 소스 위에 피자 치즈와 모짜렐라 치즈를 올리고 엑스트라버진 올리브오일을 뿌린 뒤 300도에서 3분 30초, 200~250도에서 5분 정도 굽는다(화덕으로 하는 게 아닐 경우 평평한 판에 오일을 바르고 도우를 올려서 굽고, 오븐에 따라 시간은 상이할 수 있음).
3. 꺼낸 피자를 자른 다음, 위에 치즈 그라인더로 파마산 치즈를 갈아 주고 바질을 올려서 마무리한다(토마토 소스 위에 먼저 뿌리고 해도 관계없음).

미친 버섯 향에 쫄깃한 식감까지
트러플 풍기 피자

재료

- 피자 도우(강력분 [145g], 미지근한 물 [85g], 소금 [3g], 드라이 이스트 [1g], 올리브오일 [3g])
- 새송이 [1ea]
- 느타리 [50g]
- 양송이 [9ea]
- 피자 치즈 [30g]
- 파마산 치즈 [10g]
- 올리브오일 [15㎖]
- 트러플 오일 [15㎖]
- 소금 · 후추 약간씩

준비하기

1. 피자 도우 재료를 다 개량하고 미지근한 물에 소금, 이스트, 오일을 잘 풀어서 강력분과 잘 섞어 5분간 치댄다.
2. 겨울에는 2시간, 여름에는 30분~1시간 따뜻한 공간에서 밀폐용기에 비닐을 덮고 발효시킨다(부피 2배가 되면 발효 완료, 대량으로 만들 경우엔 소분하여 냉장고에 하루 두면 2차 발효가 되어 더욱 맛있게 먹을 수 있음).
3. 양송이와 양파를 잘게 다져서 살짝 볶아 버섯뒥셀을 만들어 식힌다.
4. 새송이와 느타리는 먹기 좋은 크기로 썰어서 소금, 후추 간을 하여 오일을 조금 두르고 볶는다.
5. 오븐 온도를 300도 정도로 맞춰 둔다(가정용 최고 온도 200~250도도 가능).

완성하기

1. 피자 도우를 펼쳐서 버섯뒥셀을 바른다.
2. 소스 위에 피자 치즈와 볶은 버섯들을 올리고 300도에서 3분 30초, 200~250도에서 5분 정도 굽는다(화덕으로 하는 게 아닐 경우 평평한 판에 오일을 바르고 도우를 올려서 굽고, 오븐에 따라 시간은 상이할 수 있음).
3. 꺼낸 피자를 자른 다음, 그 위에 치즈 그라인더로 파마산 치즈를 갈아 주고 트러플 오일을 뿌려서 마무리한다(버섯뒥셀 위에 먼저 뿌리고 해도 관계없음).

애호박의 이유 있는 변신
애호박 & 바질 페스토 피자

재료

- 피자 도우(강력분 [145g], 미지근한 물 [85g], 소금 [3g], 드라이 이스트 [1g], 올리브오일 [3g])
- 바질 페스토(바질 [25g], 잣 [12g], 그라나파다노 치즈 [20g], 올리브오일 [50㎖], 마늘 [1ea], 소금 [1g])
- 피자 치즈 [30g]
- 애호박 [¼ea]
- 파마산 치즈 [10g]
- 엑스트라버진 올리브오일 [10㎖]
- 호박씨 [5g]
- 소금 약간

준비하기

1. 피자 도우 재료를 다 개량하고 미지근한 물에 소금, 이스트, 오일을 잘 풀어서 강력분과 잘 섞어 5분간 치댄다.
2. 겨울에는 2시간, 여름에는 30분~1시간 따뜻한 공간에서 밀폐용기에 비닐을 덮고 발효시킨다(부피 2배가 되면 발효 완료, 대량으로 만들 경우엔 소분하여 냉장고에 하루 두면 2차 발효가 되어 더욱 맛있게 먹을 수 있음).
3. 잣과 치즈, 소금을 믹서기에 곱게 간 뒤 씻은 바질과 오일을 넣고 한 번 더 갈아서 바질 페스토를 만든다.
4. 애호박은 칼로 얇게 슬라이스하거나 슬라이스기로 얇게 밀어 준다.
5. 오븐 온도를 300도 정도로 맞춰 둔다(가정용 최고 온도 200~250도도 가능).

완성하기

1. 피자 도우를 펼쳐서 바질 페스토를 올려 준다.
2. 페스토 위에 피자 치즈와 애호박 슬라이스를 올리고 300도에서 3분 30초, 200~250도에서 5분 정도 굽는다(화덕으로 하는 게 아닐 경우 평평한 판에 오일을 바르고 도우를 올려서 굽고, 오븐에 따라 시간은 상이할 수 있음).
3. 꺼낸 피자를 자른 다음, 그 위에 호박씨를 올리고 치즈 그라인더로 파마산 치즈를 갈아 주고 오일로 마무리한다(페스토 위에 먼저 뿌리고 해도 관계없음).

매콤 짭조름, 맛있게 자극적인
디아볼라 피자

재료

- 피자 도우(강력분 [145g], 미지근한 물 [85g], 소금 [3g], 드라이 이스트 [1g], 올리브오일 [3g])
- 피자 소스(양파 [½], 마늘 [2ea], 토마토 페이스트 [20g], 토마토홀 [100g], 바질가루 [5g], 오레가노 가루 [5g], 설탕 [5g], 소금 [2g])
- 피자 치즈 [30g] · 살라미 [4ea] · 닭정육 [50g] · 페페론치노 [2g] · 올리브 [10g]
- 스위트칠리 소스 [20㎖] · 파마산 치즈 [10g] · 와일드 루꼴라 [10g] · 소금·후추 약간씩

준비하기

1. 피자 도우 재료를 다 개량하고 미지근한 물에 소금, 이스트, 오일을 잘 풀어서 강력분과 잘 섞어 5분간 치댄다.
2. 겨울에는 2시간, 여름에는 30분~1시간 따뜻한 공간에서 밀폐용기에 비닐을 덮고 발효시킨다(부피 2배가 되면 발효 완료, 대량으로 만들 경우엔 소분하여 냉장고에 하루 두면 2차 발효가 되어 더욱 맛있게 먹을 수 있음).
3. 양파와 마늘을 다진다.
4. 팬에 오일을 두른 다음, 다진 양파와 마늘을 볶다가 토마토 페이스트를 넣고 한 번 더 볶은 뒤 으깬 토마토홀과 소금, 설탕, 바질 가루, 오레가노 가루를 넣고 졸여서 피자 소스를 만든다.
5. 살라미는 원하는 크기로 자르고, 닭정육은 소금, 후추 간을 하여 굽는다.
6. 오븐 온도를 300도 정도로 맞춰 둔다(가정용 최고 온도 200~250도 가능).
7. 루꼴라는 다져 준다.

완성하기

1. 피자 도우를 펼쳐서 피자 소스를 바른다.
2. 소스 위에 페페론치노, 피자 치즈와 살라미, 닭정육, 올리브를 올리고 300도에서 3분 30초, 200~250도에서 5분 정도 굽는다(화덕으로 하는 게 아닐 경우 평평한 판에 오일을 바르고 도우를 올려서 굽고, 오븐에 따라 시간은 상이할 수 있음).
3. 꺼낸 피자를 자른 다음, 그 위에 치즈 그라인더로 파마산 치즈를 갈아 주고 칠리 소스와 루꼴라 다진 것을 올려 마무리한다(토마토 소스 위에 먼저 뿌리고 해도 관계없음).

갈릭디핑 소스, 찍지 말고 바르세요

갈릭칠리 쉬림프 피자

재료

- 피자 도우(강력분 [145g], 미지근한 물 [85g], 소금 [3g], 드라이 이스트 [1g], 올리브오일 [3g])
- 갈릭디핑 소스(마요네즈 [50g], 다진 마늘 [15g], 머스터드 [15g], 꿀 [15g])
- 큰 새우 [6ea]
- 칵테일새우 [10ea]
- 베이컨 [20g]
- 스위트칠리 소스 [20g]
- 피자 치즈 [30g]
- 파마산 치즈 [10g]
- 와일드 루꼴라 [10g]
- 올리브오일 [10㎖]

준비하기

1. 피자 도우 재료를 다 개량하고 미지근한 물에 소금, 이스트, 오일을 잘 풀어서 강력분과 잘 섞어 5분간 치댄다.
2. 겨울에는 2시간, 여름에는 30분~1시간 따뜻한 공간에서 밀폐용기에 비닐을 덮고 발효시킨다(부피 2배가 되면 발효 완료, 대량으로 만들 경우엔 소분하여 냉장고에 하루 두면 2차 발효가 되어 더욱 맛있게 먹을 수 있음).
3. 마늘과 루꼴라를 다진다.
4. 마요네즈와 마늘, 머스터드, 꿀을 잘 섞어서 디핑 소스를 만든다.
5. 팬에 오일을 두르고 베이컨과 새우를 볶다가 90% 익으면 칠리 소스를 뿌려서 익힌다.
6. 오븐 온도를 300도 정도로 맞춰 둔다(가정용 최고 온도 200~250도도 가능).

완성하기

1. 피자 도우를 펼쳐서 갈릭디핑 소스를 바른다.
2. 소스 위에 피자 치즈와 칠리새우를 올리고 300도에서 3분 30초, 200~250도에서 5분 정도 굽는다(화덕으로 하는 게 아닐 경우 평평한 판에 오일을 바르고 도우를 올려서 굽고, 오븐에 따라 시간은 상이할 수 있음).
3. 꺼낸 피자를 잘라서 칠리 소스와 다진 루꼴라를 올린 뒤, 치즈 그라인더로 파마산 치즈를 갈아서 마무리한다.

다양한 치즈가 듬뿍 들어간
콰트로 포르마지 피자

재료

- 피자 도우(강력분 [145g], 미지근한 물 [85g], 소금 [3g], 드라이 이스트 [1g], 올리브오일 [3g])
- 치즈 소스(크림 [100㎖], 까망베르 치즈 [50g], 소금 [1g])
- 까망베르 치즈 [30g]
- 모짜렐라 치즈 [30g]
- 브리에 치즈 [30g]
- 에멘탈 치즈 [20g]
- 파마산 치즈 [10g]
- 피자 치즈 [30g]
- 꿀 [30g](구운 피자 찍어 먹는 용도)

준비하기

1. 피자 도우 재료를 다 개량하고 미지근한 물에 소금, 이스트, 오일을 잘 풀어서 강력분과 잘 섞어 5분간 치댄다.
2. 겨울에는 2시간, 여름에는 30분~1시간 따뜻한 공간에서 밀폐용기에 비닐을 덮고 발효시킨다(부피 2배가 되면 발효 완료, 대량으로 만들 경우엔 소분하여 냉장고에 하루 두면 2차 발효가 되어 더욱 맛있게 먹을 수 있음).
3. 팬에 크림과 까망베르 치즈, 소금을 넣고 졸여서 치즈 소스를 만든다.
4. 치즈들은 먹기 좋은 크기로 자른다.
5. 오븐 온도를 300도 정도로 맞춰 둔다(가정용 최고 온도 200~250도도 가능).

완성하기

1. 피자 도우를 펼쳐서 치즈 소스를 바른다.
2. 소스 위에 피자 치즈와 까망베르 치즈, 브리에 치즈, 에멘탈 치즈, 모짜렐라 치즈를 올리고 300도에서 3분 30초, 200~250도에서 5분 정도 굽는다(화덕으로 하는 게 아닐 경우 평평한 판에 오일을 바르고 도우를 올려서 굽고, 오븐에 따라 시간이 상이할 수 있음).
3. 꺼낸 피자를 자른 후, 그 위에 치즈 그라인더로 파마산 치즈를 갈아서 마무리한다(파마산 치즈는 사용하지 않아도 무방).

짭조름함과 신선함의 환상 콜라보
하몽 & 루꼴라 피자

재료

- 피자 도우(강력분 [145g], 미지근한 물 [85g], 소금 [3g], 드라이 이스트 [1g], 올리브오일 [3g])
- 피자 소스(양파 [½], 마늘 [2ea], 토마토 페이스트 [20g], 토마토홀 [100g], 바질가루 [5g], 오레가노 가루 [5g], 설탕 [5g], 소금 [2g]), 리코타 치즈(우유 [100㎖], 크림 [50㎖], 라임주스 [10㎖], 소금 [5g])
- 하몽 [1ea]
- 올리브 [10g]
- 파마산 치즈 [10g]
- 와일드 루꼴라 [20g]
- 소금 약간

준비하기

1. 피자 도우 재료를 다 계량하고 미지근한 물에 소금, 이스트, 오일을 잘 풀어서 강력분과 잘 섞어 5분간 치댄다.
2. 겨울에는 2시간, 여름에는 30분~1시간 따뜻한 공간에서 밀폐용기에 비닐을 덮고 발효시킨다(부피 2배가 되면 발효 완료. 대량으로 만들 경우엔 소분하여 냉장고에 하루 두면 2차 발효가 되어 더욱 맛있게 먹을 수 있음).
3. 양파와 마늘을 다진다.
4. 팬에 오일을 두르고 다진 양파와 마늘을 볶다가 토마토 페이스트를 넣고 한 번 더 볶은 뒤 으깬 토마토홀과 소금, 설탕, 바질 가루, 오레가노 가루를 넣고 졸여서 피자 소스를 만든다.
5. 냄비에 우유와 크림을 넣은 다음 불의 세기를 중약불로 놓고 끓으려고 할 때 약불로 낮춰서 소금과 라임주스를 넣고 5분간 끓인 후 거즈와 체에 받쳐서 식힌다.
6. 오븐 온도를 300도 정도로 맞춰 둔다(가정용 최고 온도 200~250도도 가능).

완성하기

1. 피자 도우를 펼쳐서 피자 소스를 바른다.
2. 300도에서 3분 30초, 200~250도에서 5분 정도 굽는다(화덕으로 하는 게 아닐 경우 평평한 판에 오일을 바르고 도우를 올려서 굽고, 오븐에 따라 시간은 상이할 수 있음).
3. 꺼낸 피자 위에 루꼴라와 소금 간을 살짝 하여 자르고 하몽과 리코타 치즈, 올리브를 올린 뒤 치즈 그라인더로 파마산 치즈를 갈아서 마무리한다.

맛과 건강을 동시에 잡다

잠봉 & 루꼴라 피자

재료

- 피자 도우(강력분 [145g], 미지근한 물 [85g], 소금 [3g], 드라이 이스트 [1g], 올리브오일 [3g])
- 피자 소스(양파 [½], 마늘 [2ea], 토마토 페이스트 [20g], 토마토홀 [100g], 바질가루 [5g], 오레가노 가루 [5g], 설탕 [5g], 소금 [2g])
- 리코타 치즈(우유 [100㎖], 크림 [50㎖], 라임주스 [10㎖], 소금 [5g])
- 잠봉 [2ea] · 올리브 [10g] · 파마산 치즈 [10g] · 와일드 루꼴라 [20g] · 소금 약간

준비하기

1. 피자 도우 재료를 다 계량하고 미지근한 물에 소금, 이스트, 오일을 잘 풀어서 강력분과 잘 섞어 5분간 치댄다.
2. 겨울에는 2시간, 여름에는 30분~1시간 따뜻한 공간에서 밀폐용기에 비닐을 덮고 발효시킨다(부피 2배가 되면 발효 완료, 대량으로 만들 경우엔 소분하여 냉장고에 하루 두면 2차 발효가 되어 더욱 맛있게 먹을 수 있음).
3. 양파와 마늘을 다진다.
4. 팬에 오일을 두르고 다진 양파와 마늘을 볶다가 토마토 페이스트를 넣고 한 번 더 볶은 뒤 으깬 토마토홀과 소금, 설탕, 바질 가루, 오레가노 가루를 넣고 졸여서 피자 소스를 만든다.
5. 냄비에 우유와 크림을 넣은 다음 불의 세기를 중약불로 놓고 끓으려고 할 때 약불로 낮춰서 소금과 라임주스를 넣고 5분간 끓인 후 거즈와 체에 받쳐서 식힌다.
6. 오븐 온도를 300도 정도로 맞춰 둔다(가정용 최고 온도 200~250도도 가능).

완성하기

1. 피자 도우를 펼쳐서 피자 소스를 바른다.
2. 300도에서 3분 30초, 200~250도에서 5분 정도 굽는다(화덕으로 하는 게 아닐 경우 평평한 판에 오일을 바르고 도우를 올려서 굽고, 오븐에 따라 시간은 상이할 수 있음).
3. 꺼낸 피자 위에 루꼴라와 소금 간을 살짝 하여 자르고 잠봉과 리코타 치즈, 올리브를 올린 뒤 치즈 그라인더로 파마산 치즈를 갈아서 마무리한다.

눈과 입이 즐거운 특별한 레시피

무화과 & 리코타 피자

재료

- 피자 도우(강력분 [145g], 미지근한 물 [85g], 소금 [3g], 드라이 이스트 [1g], 올리브오일 [3g])
- 피자 소스(양파 [½], 마늘 [2ea], 토마토 페이스트 [20g], 토마토홀 [100g], 바질가루 [5g], 오레가노 가루 [5g], 설탕 [5g], 소금 [2g])
- 리코타 치즈(우유 [100㎖], 크림 [50㎖], 라임주스 [10㎖], 소금 [5g])
- 무화과 [2ea]   · 올리브 [10g]   · 파마산 치즈 [10g]   · 와일드 루꼴라 [20g]
- 소금 약간

준비하기

1. 피자 도우 재료를 다 개량하고 미지근한 물에 소금, 이스트, 오일을 잘 풀어서 강력분과 잘 섞어 5분간 치댄다.
2. 겨울에는 2시간, 여름에는 30분~1시간 따뜻한 공간에서 밀폐용기에 비닐을 덮고 발효시킨다(부피 2배가 되면 발효 완료, 대량으로 만들 경우엔 소분하여 냉장고에 하루 두면 2차 발효가 되어 더욱 맛있게 먹을 수 있음).
3. 양파와 마늘을 다져주고 무화과는 한 입 크기로 썰어준다.
4. 팬에 오일을 두르고 다진 양파와 마늘을 볶다가 토마토 페이스트를 넣고 한 번 더 볶은 뒤 으깬 토마토홀과 소금, 설탕, 바질 가루, 오레가노 가루를 넣고 졸여서 피자 소스를 만든다.
5. 냄비에 우유와 크림을 넣은 다음 불의 세기를 중약불로 놓고 끓으려고 할 때 약불로 낮춰서 소금과 라임주스를 넣고 5분간 끓인 후 거즈와 체에 받쳐서 식힌다.
6. 오븐 온도를 300도 정도로 맞춰 둔다(가정용 최고 온도 200~250도도 가능).

완성하기

1. 피자 도우를 펼쳐서 피자 소스를 바른다.
2. 300도에서 3분 30초, 200~250도에서 5분 정도 굽는다(화덕으로 하는 게 아닐 경우 평평한 판에 오일을 바르고 도우를 올려서 굽고, 오븐에 따라 시간은 상이할 수 있음).
3. 꺼낸 피자 위에 루꼴라와 소금 간을 살짝 하여 자르고 무화과와 리코타 치즈, 올리브를 올린 뒤 치즈 그라인더로 파마산 치즈를 갈아서 마무리한다.

세상에서 제일 맛있는 샐러드가 있다면
샐러드 피자

재료

- 피자 도우(강력분 [145g], 미지근한 물 [85g], 소금 [3g], 드라이 이스트 [1g], 올리브오일 [3g])
- 치즈 소스(크림 [100㎖], 까망베르 치즈 [50g], 소금 [1g])
- 아이올리 소스(마요네즈 [30g], 레몬즙 [10g], 마늘 [2ea], 꿀 [5g], 소금 [2g], 후추 [1g])
- 양상추 [30g]
- 방울토마토 [3ea]
- 루꼴라 [10g]
- 닭가슴살 [30g]
- 베이컨 [10g]
- 파마산 치즈 [10g]
- 식빵 [½장]

준비하기

1. 피자 도우 재료를 다 개량하고 미지근한 물에 소금, 이스트, 오일을 잘 풀어서 강력분과 잘 섞어 5분간 치댄다.
2. 겨울에는 2시간, 여름에는 30분~1시간 따뜻한 공간에서 밀폐용기에 비닐을 덮고 발효시킨다(부피 2배가 되면 발효 완료, 대량으로 만들 경우엔 소분하여 냉장고에 하루 두면 2차 발효가 되어 더욱 맛있게 먹을 수 있음).
3. 팬에 크림과 까망베르 치즈, 소금을 넣고 졸여서 치즈 소스를 만든다.
4. 마늘은 다져서 볼에 담고 마요네즈, 레몬즙, 꿀, 소금, 후추를 잘 섞어서 아이올리 소스를 만든다.
5. 양상추와 루꼴라는 찬물에 씻어서 말려 두고, 식빵은 먹기 좋은 크기로 팬프라잉하고, 방울토마토는 반으로 자르고 닭가슴살은 찢어 둔다.
6. 오븐 온도를 300도 정도로 맞춰 둔다(가정용 최고 온도 200~250도도 가능).

완성하기

1. 피자 도우를 펼쳐서 치즈 소스를 바른다.
2. 300도에서 3분 30초, 200~250도에서 5분 정도 굽는다(화덕으로 하는 게 아닐 경우 평평한 판에 오일을 바르고 도우를 올려서 굽고, 오븐에 따라 시간은 상이할 수 있음).
3. 꺼낸 피자를 양상추와 루꼴라를 올려서 자른 뒤 크르통과 닭가슴살, 방울토마토, 아이올리 소스를 뿌리고 치즈 그라인더로 파마산 치즈를 갈아서 마무리한다.

은은한 훈제 향과 상큼한 오렌지의 조화
바베큐 오리 구이 피자

재료

- 피자 도우(강력분 [145g], 미지근한 물 [85g], 소금 [3g], 드라이 이스트 [1g], 올리브오일 [3g])
- 피자 소스(양파 [½], 마늘 [2ea], 토마토 페이스트 [20g], 토마토홀 [100g], 바질가루 [5g], 오레가노 가루 [5g], 설탕 [5g], 소금 [2g])
- 피자 치즈 [30g]
- 머스터드 소스 [15g]
- 훈제오리 [100g]
- 루꼴라 [10g]
- 오렌지 [½ea]
- 파마산 치즈 [10g]

준비하기

1. 피자 도우 재료를 다 개량하고 미지근한 물에 소금, 이스트, 오일을 잘 풀어서 강력분과 잘 섞어 5분간 치댄다.
2. 겨울에는 2시간, 여름에는 30분~1시간 따뜻한 공간에서 밀폐용기에 비닐을 덮고 발효시킨다(부피 2배가 되면 발효 완료, 대량으로 만들 경우엔 소분하여 냉장고에 하루 두면 2차 발효가 되어 더욱 맛있게 먹을 수 있음).
3. 양파와 마늘을 다진다.
4. 팬에 오일을 두르고 다진 양파와 마늘을 볶다가 토마토 페이스트를 넣고 한 번 더 볶은 뒤 으깬 토마토홀과 소금, 설탕, 바질 가루, 오레가노 가루를 넣고 졸여서 피자 소스를 만든다.
5. 오렌지와 훈제 오리는 얇게 슬라이스하고, 루꼴라를 다진다.
6. 오븐 온도를 300도 정도로 맞춰 둔다(가정용 최고 온도 200~250도도 가능).

완성하기

1. 피자 도우를 펼쳐서 피자 소스를 바른다.
2. 소스 위에 피자 치즈와 훈제 오리를 올리고 300도에서 3분 30초, 200~250도에서 5분 정도 굽는다(화덕으로 하는 게 아닐 경우 평평한 판에 오일을 바르고 도우를 올려서 굽고, 오븐에 따라 시간은 상이할 수 있음).
3. 꺼낸 피자를 자르고 위에 오렌지를 사이사이 올린 뒤, 머스터드와 다진 루꼴라를 올리고 치즈 그라인더로 파마산 치즈를 갈아서 마무리한다.

피자 위에서 춤추는 가쓰오부시
오코노미야끼 피자

재료

- 피자 도우(강력분 [145g], 미지근한 물 [85g], 소금 [3g], 드라이 이스트 [1g], 올리브오일 [3g])
- 피자 치즈 [30g]
- 오징어 [50g]
- 양배추 [30g]
- 양파 [20g]
- 칵테일새우 [6ea]
- 마요네즈 [25g]
- 데리야끼소스 [25g]
- 가쓰오부시 [10g]
- 파마산 치즈 [10g]
- 올리브오일 [10㎖]
- 소금, 후추 약간씩

준비하기

1. 피자 도우 재료를 다 개량하고 미지근한 물에 소금, 이스트, 오일을 잘 풀어서 강력분과 잘 섞어 5분간 치댄다.
2. 겨울에는 2시간, 여름에는 30분~1시간 따뜻한 공간에서 밀폐용기에 비닐을 덮고 발효시킨다 (부피 2배가 되면 발효 완료, 대량으로 만들 경우엔 소분하여 냉장고에 하루 두면 2차 발효가 되어 더욱 맛있게 먹을 수 있음).
3. 양배추와 양파를 얇게 썰고 해산물을 먹기 좋은 크기로 썰어서 소금, 후추 간을 하여 팬에 볶은 다음, 식혀 둔다.
4. 오븐 온도를 300도 정도로 맞춰 둔다(가정용 최고 온도 200~250도도 가능).

완성하기

1. 피자 도우를 펼쳐서 피자 치즈와 식힌 해산물과 야채를 올린다.
2. 300도에서 3분 30초, 200~250도에서 5분 정도 굽는다(화덕으로 하는 게 아닐 경우 평평한 판에 오일을 바르고 도우를 올려서 굽고, 오븐에 따라 시간은 상이할 수 있음).
3. 꺼낸 피자를 자른 다음, 그 위에 마요네즈와 데리야끼 소스를 올리고 치즈 그라인더로 파마산 치즈를 갈아 주고 가쓰오부시를 올려서 마무리한다.

앤초비의 짭쪼름한 감칠맛이 일품인
파리지엥 피자

재료

- 피자 도우(강력분 [145g], 미지근한 물 [85g], 소금 [3g], 드라이 이스트 [1g], 올리브오일 [3g])
- 피자 치즈 [30g]
- 양파 [1ea]
- 앤초비 [3ea]
- 방울토마토 [3ea]
- 올리브 [10g]
- 바질 [10g]
- 파마산 치즈 [10g]
- 올리브오일 [10㎖]
- 소금 · 후추 약간씩

준비하기

1. 피자 도우 재료를 다 개량하고 미지근한 물에 소금, 이스트, 오일을 잘 풀어서 강력분과 잘 섞어 5분간 치댄다.
2. 겨울에는 2시간, 여름에는 30분~1시간 따뜻한 공간에서 밀폐용기에 비닐을 덮고 발효시킨다(부피 2배가 되면 발효 완료, 대량으로 만들 경우엔 소분하여 냉장고에 하루 두면 2차 발효가 되어 더욱 맛있게 먹을 수 있음).
3. 프라이팬에 오일을 두른 뒤, 양파를 소금과 후추로 간을 하여 볶고 방울토마토는 반으로 자른다.
4. 엔초비는 다져 둔다.
5. 오븐 온도를 300도 정도로 맞춰 둔다(가정용 최고 온도 200~250도도 가능).

완성하기

1. 피자 도우를 펼쳐서 피자 치즈와 볶은 양파, 엔초비, 올리브, 방울토마토를 올린다.
2. 300도에서 3분 30초, 200~250도에서 5분 정도 굽는다(화덕으로 하는 게 아닐 경우 평평한 판에 오일을 바르고 도우를 올려서 굽고, 오븐에 따라 시간은 상이할 수 있음).
3. 꺼낸 피자를 자르고 바질을 올린 뒤, 치즈 그라인더로 파마산 치즈를 갈아서 마무리한다.

입안에서 살살 녹는 부드러움
잠봉 & 아보카도 피자

재료

- 피자 도우(강력분 [145g], 미지근한 물 [85g], 소금 [3g], 드라이 이스트 [1g], 올리브오일 [3g])
- 치즈 소스(크림 [100㎖], 까망베르 치즈 [50g], 소금 [1g])
- 잠봉 [2ea]
- 루꼴라 [20g]
- 아보카도 [½ea]
- 파마산 치즈 [10g]
- 꿀 [30g](꿀이 레시피에 등장하지 않으니 확인 바랍니다.)
- 소금 약간

준비하기

1. 피자 도우 재료를 다 개량하고 미지근한 물에 소금, 이스트, 오일을 잘 풀어서 강력분과 잘 섞어 5분간 치댄다.
2. 겨울에는 2시간, 여름에는 30분~1시간 따뜻한 공간에서 밀폐용기에 비닐을 덮고 발효시킨다(부피 2배가 되면 발효 완료, 대량으로 만들 경우엔 소분하여 냉장고에 하루 두면 2차 발효가 되어 더욱 맛있게 먹을 수 있음).
3. 팬에 크림과 까망베르 치즈, 소금을 넣고 졸여서 치즈 소스를 만든다.
4. 아보카도와 잠봉은 먹기 좋은 크기로 자른다.
5. 오븐 온도를 300도 정도로 맞춰 둔다(가정용 최고 온도 200~250도도 가능).

완성하기

1. 피자 도우를 펼쳐서 치즈 소스를 바른다.
2. 300도에서 3분 30초, 200~250도에서 5분 정도 굽는다(화덕으로 하는 게 아닐 경우 평평한 판에 오일을 바르고 도우를 올려서 굽고, 오븐에 따라 시간은 상이할 수 있음).
3. 꺼낸 피자에 루꼴라를 올린 다음 잘라서 아보카도와 잠봉을 올리고, 치즈 그라인더로 파마산 치즈를 갈아서 마무리한다.

고기의 진한 감칠맛이 폭발한다
라구 피자

재료

- 피자 도우(강력분 [145g], 미지근한 물 [85g], 소금 [3g], 드라이 이스트 [1g], 올리브오일 [3g])
- 피자 치즈 [30g], 라구 소스(우민찌 [50g], 돈민찌 [50g], 베이컨 [20g], 양파 [½ea], 당근 [¼ea], 샐러리 [30g], 월계수잎, 액상 치킨스톡 [20g], 토마토 페이스트 [20g], 레드와인 [10㎖], 설탕 [30g])
- 올리브 [10g] • 양파 [10g] • 닭정육 [50g] • 파마산 치즈 [10g] • 올리브 [10g]
- 올리브오일 [10㎖] • 소금·후추 약간씩

준비하기

1. 피자 도우 재료를 다 개량하고 미지근한 물에 소금, 이스트, 오일을 잘 풀어서 강력분과 잘 섞어 5분간 치댄다.
2. 겨울에는 2시간, 여름에는 30분~1시간 따뜻한 공간에서 밀폐용기에 비닐을 덮고 발효시킨다(부피 2배가 되면 발효 완료, 대량으로 만들 경우엔 소분하여 냉장고에 하루 두면 2차 발효가 되어 더욱 맛있게 먹을 수 있음).
3. 양파, 당근, 샐러리, 루꼴라를 곱게 다진다.
4. 프라이팬에 오일을 두르고 양파, 당근, 샐러리에 소금과 후추로 간을 하여 중불에서 5분간 볶다가 우민찌와 돈민찌 베이컨을 넣고, 다 익으면 토마토 페이스트를 넣고 볶다가 레드와인과 설탕을 넣고 수분기 없을 정도로 졸인 뒤 물 500㎖와 액상 치킨스톡, 월계수잎을 넣고 20~30분간 졸인다.
5. 양파는 슬라이스하고, 닭정육은 소금, 후추 간을 해서 볶는다.
6. 오븐 온도를 300도 정도로 맞춰 둔다(가정용 최고 온도 200~250도도 가능).

완성하기

1. 피자 도우를 펼쳐서 식은 라구 소스와 피자 치즈, 올리브, 양파 슬라이스, 닭정육을 올린다.
2. 300도에서 3분 30초, 200~250도에서 5분 정도 굽는다(화덕으로 하는 게 아닐 경우 평평한 판에 오일을 바르고 도우를 올려서 굽고, 오븐에 따라 시간은 상이할 수 있음).
3. 꺼낸 피자를 자르고 루꼴라를 얹은 뒤 치즈 그라인더로 파마산 치즈를 갈아 주고 마무리한다.

크림치즈와 부추 향의 완벽한 조화
부추 크림치즈 피자

재료

- 피자 도우(강력분 [145g], 미지근한 물 [85g], 소금 [3g], 드라이 이스트 [1g], 올리브오일 [3g])
- 치즈 소스(크림 [100㎖], 크림치즈 [50g], 소금 [1g])
- 부추 [50g]
- 베이컨 [20g]
- 파마산 치즈 [10g]
- 꿀 [30g](구운 피자 찍어 먹는 용도)
- 소금 약간

준비하기

1. 피자 도우 재료를 다 개량하고 미지근한 물에 소금, 이스트, 오일을 잘 풀어서 강력분과 잘 섞어 5분간 치댄다.
2. 겨울에는 2시간, 여름에는 30분~1시간 따뜻한 공간에서 밀폐용기에 비닐을 덮고 발효시킨다(부피 2배가 되면 발효 완료, 대량으로 만들 경우엔 소분하여 냉장고에 하루 두면 2차 발효가 되어 더욱 맛있게 먹을 수 있음).
3. 팬에 크림과 크림치즈, 소금을 넣고 졸여서 치즈 소스를 만든다.
4. 부추와 베이컨은 얇게 썰고, 베이컨은 프라이팬에 살짝 볶는다.
5. 오븐 온도를 300도 정도로 맞춰 둔다(가정용 최고 온도 200~250도도 가능).

완성하기

1. 피자 도우를 펼쳐서 치즈 소스를 바른다.
2. 피자 치즈와 베이컨을 올리고 300도에서 3분 30초, 200~250도에서 5분 정도 굽는다(화덕으로 하는 게 아닐 경우 평평한 판에 오일을 바르고 도우를 올려서 굽고, 오븐에 따라 시간은 상이할 수 있음).
3. 꺼낸 피자를 자르고 썰어 둔 부추를 올린 뒤, 치즈 그라인더로 파마산 치즈를 갈아서 마무리한다.

피자에 바나나를 넣으면 반하나?
하몽 & 바나나 피자

재료

- 피자 도우(강력분 [145g], 미지근한 물 [85g], 소금 [3g], 드라이 이스트 [1g], 올리브오일 [3g])
- 치즈 소스(크림 [100㎖], 크림치즈 [50g], 소금 [1g])
- 리코타 치즈(우유 [100㎖], 크림 [50㎖], 라임주스 [10㎖], 소금 [5g])
- 하몽 [1ea] • 바나나 [2ea] • 설탕 [10g] • 파마산 치즈 [10g] • 루꼴라 [10g]
- 소금 약간

준비하기

1. 피자 도우 재료를 다 개량하고 미지근한 물에 소금, 이스트, 오일을 잘 풀어서 강력분과 잘 섞어 5분간 치댄다.
2. 겨울에는 2시간, 여름에는 30분~1시간 따뜻한 공간에서 밀폐용기에 비닐을 덮고 발효시킨다(부피 2배가 되면 발효 완료, 대량으로 만들 경우엔 소분하여 냉장고에 하루 두면 2차 발효가 되어 더욱 맛있게 먹을 수 있음).
3. 팬에 크림과 크림치즈, 소금을 넣고 졸여서 치즈 소스를 만들고 루꼴라는 다진다.
4. 냄비에 우유와 크림을 넣은 다음 불의 세기를 중약불로 놓고 끓으려고 할 때 약불로 낮춰서 소금과 라임주스를 넣고 5분간 끓인 후 거즈와 체에 받쳐서 식힌다.
5. 하몽은 찢고, 바나나는 길쭉하게 썰어서 설탕을 뿌린 뒤 살짝 토치해 준다.
6. 오븐 온도를 300도 정도로 맞춰 둔다(가정용 최고 온도 200~250도도 가능).

완성하기

1. 피자 도우를 펼쳐서 치즈 소스를 바른다.
2. 피자 치즈와 베이컨을 올리고 300도에서 3분 30초, 200~250도에서 5분 정도 굽는다(화덕으로 하는 게 아닐 경우 평평한 판에 오일을 바르고 도우를 올려서 굽고, 오븐에 따라 시간은 상이할 수 있음).
3. 꺼낸 피자를 자르고 구운 바나나와 하몽, 리코타 치즈, 다진 루꼴라를 올린 다음, 치즈 그라인더로 파마산 치즈를 갈아서 마무리한다.

에필로그

　그동안 100여 가지가 넘는 이탈리안 요리들을 만들면서 많은 시행착오와 고난 그리고 역경들을 겪어 왔다. 지금도 수많은 셰프들은 자신의 분야에서 고군분투하며 각자의 자리에서 땀을 흘리면서 많은 것들을 배우고 느낄 것이다.

　이제껏 많은 음식들을 접하고 먹고 느끼면서 나에게 소울푸드를 꼽으라고 한다면 당연코 이탈리안 음식을 꼽을 것이다. 아마 여러분도 요리에 대한 철학과 신념 그리고 개인의 입맛에 따라 음식의 평가가 나뉠 것이다. 오이와 고수를 싫어하는 사람도 있고, 오이와 고수를 즐기는 사람들도 있듯이 말이다. 그래서 대중들의 입맛을 사로잡으며 단골 고객을 확보하여 꾸준히 방문하게 하는 것은 어려운 일이다.

　필자만의 자부심이 들어 있는 요리라고 할지언정 그날의 재료와 컨디션과 입맛 그리고 판단 능력에 따라서도 좌우된다. 그만큼 예민한 게 바로 음식이다. 하지만 대중들에게 늘 색다른 음식을 만들기 위해서 지금도 꾸준히 노력하고 있다.

　전통과 퓨전을 가미한 레스토랑을 운영하면서 조금 더 독창적이고 유니크한 메뉴들을 개발하기 위해 노력하였고, 그 결과물들을 이 책으로나마 조심스럽게 펼쳐 본다.

　음식은 내가 아는 것보다 모르는 것이 더 많고, 전 세계에서는 하루에도 몇백 접시씩 독창적 음식들이 쏟아지고 있다. 그렇기 때문에 필자도 안주하지 않고 모험적인 요리들을 꾸준히 개발하여 고객들과 독자들의 기대에 부흥할 수 있는 셰프로 거듭나고자 한다.